Aug. LUCAS

PRÉCIS HISTORIQUE DE L'Affaire du Panama

Prix : 2 fr. 50

DELHOMME ET BRIGUET, ÉDITEURS

PARIS | LYON
13, Rue de l'Abbaye, 13 | 3, Avenue de l'Archevêché, 3

PRÉCIS HISTORIQUE

DE

L'AFFAIRE DU PANAMA

ÉMILE COLIN — IMPRIMERIE DE LAGNY

A. LUCAS

PRÉCIS HISTORIQUE
DE
L'AFFAIRE DU PANAMA

RELATION DÉTAILLÉE ET IMPARTIALE DES FAITS
OFFICIELLEMENT CONFIRMÉS

> I. **L'Historique.** — Les origines. — L'enquête parlementaire. — Le procès devant la Cour d'appel et devant la Cour d'assises.
> II. **Les Impliqués.** — Notices complètes sur chaque personne mise en cause.
> III. **Appendice.** — Reproduction des documents.

DELHOMME ET BRIGUET, ÉDITEURS

PARIS
13, rue de l'Abbaye.

LYON
3, avenue de l'Archevêché.

1893

PRÉCIS HISTORIQUE

DE

L'AFFAIRE DU PANAMA

Le travail qu'on va lire, est l'exposé exact, le précis historique de l'Affaire du Panama, depuis son origine jusqu'à son dénoûment devant la justice.

C'est le récit des événements débarrassé des racontars, des insinuations, des commérages, du luxe de détails inutiles qui se sont multipliés au jour le jour autour de cette Affaire et en ont fait un parfait dédale où l'esprit le plus compréhensif finissait par se perdre.

De plus, le récit est fait sans préoccupation politique, sans prédilection de parti. Il expose froidement les faits patents, avérés, affirmés, et, à chaque personnalité impliquée, il attribue, sans exagération comme sans ménagement, la part qui lui revient.

L'Affaire du Panama est une triste page du livre social qui ne doit s'écrire qu'avec le souci de la sereine et stricte vérité. Et la vérité n'est déjà que trop pénible pour l'assombrir encore par des appréciations préconçues ou des accès de partialité.

Mais elle doit s'écrire, cette page. Elle doit être enregistrée historiquement pour servir d'édification, de leçon, et, dans ce but, il importe que l'exposé en soit fait avec clarté, méthode et précision.

La présente brochure réunit ces conditions.

Elle s'ouvre par un *Précis historique* de l'Affaire et la relation des événements au fur et à mesure que ceux-ci se sont produits.

Ensuite, elle donne sous cette rubrique : *Les Impliqués,* le défilé des personnes mises en cause avec, sous chaque nom, l'exposé des faits qui le concernent.

Enfin elle se termine par un *Appendice* reproduisant les documents qui caractérisent l'Affaire du Panama et en ont jalonné le cours.

Dans ces conditions, notre brochure constituera, croyons-nous, un *criterium* des plus utiles pour tous ceux qui voudront savoir au juste ce qu'a été cette Affaire si retentissante.

A. L.

L'HISTORIQUE

I

L'origine.

« J'ai fait Suez, je ferai Panama ! »

Ainsi parla M. Ferdinand de Lesseps, à l'âge de 75 ans (1), lorsque, en 1880, on vint lui proposer la rétrocession des droits d'une « Société civile internationale du canal interocéanique » qui avait obtenu du gouvernement colombien le privilège pour le creusement et l'exploitation d'un canal maritime entre l'Atlantique et le Pacifique.

Cette concession, datée du 18 mai 1878, stipulait que le canal projeté devait être terminé et livré au service public dans le délai de douze ans, à partir de

(1) M. Ferdinand de Lesseps est né à Versailles, en 1805.

la date de la formation définitive de la Compagnie qui allait construire. Toutefois ce délai pouvait être prorogé de six ans en cas de force majeure indépendante de la Compagnie si, après la construction de plus du tiers du canal, celle-ci reconnaissait l'impossibilité de compléter l'œuvre dans le délai primitivement fixé.

Ce fut M. Lucien Bonaparte-Wyse, ingénieur de la marine et délégué de la Société concessionnaire, qui traita avec M. Ferdinand de Lesseps. Celui-ci constitua définitivement, le 31 janvier 1881, une Société anonyme qui, sous la dénomination de *Compagnie universelle du Canal interocéanique de Panama*, reprit les droits des cédants pour un prix de cinq millions de francs comptant et dix millions en actions libérées de 500 francs de la nouvelle Société.

L'organisation de la Compagnie de Panama comportait un conseil d'administration et une direction technique qui, respectivement, avaient chacune deux services fonctionnant l'un à Paris, l'autre à Panama.

En outre, et indépendamment du personnel de la Compagnie, il fut institué à Paris, dès 1881, une commission consultative des travaux composée de notabilités scientifiques et administratives, à laquelle devaient être soumises les questions les plus importantes concernant le canal.

D'autre part encore, le budget de la Compagnie avait à prévoir l'envoi, à ses frais, dans l'isthme, de missions spéciales chargées d'études, d'examens, de contrôles, etc.

(Voir en tête de l'*Appendice* le tableau nominal des administrateurs depuis la constitution de la Com-

L'HISTORIQUE

pagnie jusqu'à sa liquidation, — ainsi que la liste des membres composant la commission consultative.)

La Compagnie de Panama fut constituée au capital nominal de 300 millions de francs représenté par 600,000 actions de 500 francs. Au moment de sa constitution elle toucha le quart de ce capital-espèces, mais sur cette somme furent immédiatement prélevés plus de 40 millions pour les frais d'émission et la rémunération des apports. Donc, dès ses débuts, la Compagnie devait inaugurer l'ère des appels de fonds. Elle y procéda par une série d'émissions successives dont le relevé exact, fait par M. l'expert Flory, donne, avec les produits de plusieurs paiements différés (fr. 99,013,826,89 cent.), un total de sommes encaissées de : 1,434,552,281 fr. 86 c., soit UN MILLIARD QUATRE CENT TRENTE-QUATRE MILLIONS CINQ CENT CINQUANTE-DEUX MILLE DEUX CENT QUATRE-VINGT-UN francs QUATRE-VINGT-SIX centimes.

II

Où est allé l'argent.

Avant de développer l'historique de l'Affaire, nous allons reproduire ici le tableau de l'emploi de ces énormes ressources, tel qu'il a été tracé sur pièces et documents officiels par ledit expert, M. Flory.

Premier établissement et frais de constitution.

Achat de la concession......fr.	10.000.000	»
Avance au gouvernement colombien...................	750.000	»
Frais de constitution remboursés aux fondateurs	448.230	68
Paiement au comité américain...	12.000.000	»
Agents près le gouvernement colombien....................	191.800	»
	23.390.030	68

Frais d'émission.

Actions : Frais d'émission des actions remboursées aux fondateurs.....................	10.045.375	20
Syndicat pour le placement des actions.....................	11.800.000	»
Obligations : Syndicat pour le placement des obligations.........	36.447.133	96
Frais de publicité, de commissions, etc..................	46.630.602	26
	104.923.111	42

Charges sociales.

Intérêts payés sur les actions....	68.236.800	»
Id. » » » obligations.	152.356.216	88
Charges diverses des titres.......	5.051.038	49
Amortissement des obligations ..	23.924.000	»
	249.568.055	37

Dépenses d'administration.

A Paris........................	15.604.400	10
Dans l'isthme................	85.387.082	66
	100.991.482	76

Travaux pour la construction du canal.

Ateliers de la Compagnie, entretiens et frais dans l'isthme.....	116.302.881	54
Sommes payées aux entrepreneurs et aux tâcherons.............	443.083.133	32
	559.386.014	83

Immobilisations.

A Paris........................	2.037.965	90
Dans l'isthme................	137.326.015	31
	139.363.981	21

Acquisition du chemin de fer Panama-Rail-Road............	93.268.186	73

Ces postes récapitulés (premier établissement et frais de construction, frais d'émissions, charges sociales, dépenses d'administration, travaux, immobilisations, achat du Panama-Rail-Road) représentent un état de dépenses de 1,270,890,863 francs.

A la date de sa mise en liquidation, le 4 février 1889, il devait donc rester à la Compagnie un actif réalisable (sauf non-valeurs) de 163,661,418 fr. 86 cent.

Le résultat brutal de ce tableau est que sur les 1,434 millions demandés à l'épargne publique pour l'entreprise de Panama, 560 seulement sont allés aux travaux (et encore de façon très abusive, comme on le verra par la suite) et *plus de 700* ont été dévorés par les frais d'émission, les intérêts des capitaux versés, les immobilisations et le pullulement des parasites et des écumeurs de toute espèce.

Mathématiquement, la proportion est, par comparaison, celle-ci :

Vous voulez creuser, entre les deux lacs du bois de Boulogne, un sillon dont vous estimez le coût à 3 francs. Cependant, dès les premiers coups de pelle, vos 3 francs sont dépensés et vous vous mettez à emprunter successivement 3 autres francs à Pierre, 2 fr. 50 cent à Paul, 2 francs à Jacques ; 3 fr. 50 cent., 2 francs, 1 franc, 50 centimes à tel et tel autre... Vous arrivez à devoir 14 fr. 50 cent. à droite et à gauche, mais, chose bizarre, votre argent se mange lui-même avant d'arriver au sillon — et, au bout de huit jours, vous restez la poche vide devant un travail en suspens avec, à vos chausses, la meute des prêteurs exaspérés.

Eh bien, mettez cent millions à la place de chaque franc et huit ans au lieu de huit jours, et vous aurez l'aventure du Panama dans toute sa décevante simplicité.

III

Autour des émissions.

La Compagnie avait foi en son entreprise, de même tous ceux en France et ailleurs, qui avaient de l'argent à placer. Ce qui fait que, au début, les millions affluaient de tous les côtés. Et c'est peut-être bien cette vertigineuse pluie d'or qui jeta, dès le début aussi, les administrateurs dans un train de dépenses qui ressembla à de la folie pure. Les millions tombaient comme manne dans la caisse de la Compagnie : elle les lâchait avec la même facilité. Et ce fut bientôt, autour de son coffre complaisant, comme un grouillis d'individus happant chacun sa part dans la curée.

Chaque émission avait son cortège de lanceurs, ses syndicats de banque, sa presse, ses intermédiaires auprès des personnes en situation officielle et la rafle de l'épargne ne se faisait que par les pattes de ces loups-cerviers de la finance.

Veut-on savoir comment marchait un syndicat de banques? M. l'expert Flory va nous l'apprendre :

En 1882, quelque temps avant la deuxième émission du 7 septembre de la même année, un syndicat était organisé avec le concours d'un israélite, M. Lévy-Crémieux. L'acte syndical était signé par M. Ferdinand de Lesseps, traitant pour la Compagnie, et ledit Lévy-Crémieux représentant les syndicataires qui se composaient des principaux établissements de crédit. Ceux-ci s'engageaient à prendre, sur les 250,000 obligations émises par la Compagnie, et dans le cas où il serait souscrit par le public moins de 150,000 titres, le complément de cette dernière quantité. Seulement ces obligations en expectative devaient être cédées aux syndicataires à fr. 407, 50, alors que le public devait les payer 437. 50.

Donc, à raison de ce simple engagement, il était déjà alloué aux syndicataires une prime de 20 francs par titre sur 150,000 obligations (et dans cette émission de 1882 la totalité des titres a été demandée par le public), soit 3 millions de francs. De plus il leur était donné à option 60,000 obligations avec une prime de 15 francs, soit 900,000 francs. De plus encore, l'homme au syndicat, M. Lévy-Crémieux, reçut une prime de 15 francs pour option sur 40,000 titres et une commission de 5 francs sur 100,000 titres, c'est-à-dire une somme de 1,100,000 francs.

Faites l'addition et vous trouverez cinq millions de francs bénévolement donnés par la Compagnie à des intermédiaires dont elle pouvait parfaitement se passer.

Autre exemple :

Dans l'émission du 26 juin 1888 (emprunt à lots) le butin des syndicataires fut de onze millions...

Et cela indépendamment d'une foule d'autres commissions et prélèvements au profit de sociétés de crédit ou d'individus qui taillaient comme à coups de serpe dans le plantureux budget panamesque : 2 millions au Crédit Lyonnais, 2 millions à la Société Générale, plus de 700,000 francs à un syndicat pour des obligations à lots non souscrites, près de 6 millions à un

M. Oberndœrffer, israélite... ce qui ajoute encore onze millions aux précédents, dans cette même émission de 1888.

D'autre part, il y avait les millions distribués à la presse, à certains directeurs de journaux, à des agents qui se chargeaient de négocier certaines influences politiques, etc., comme on le verra plus loin.

Bref, cette émission de 1888, coûta à la Compagnie à peu près 50 millions (49,688,348 francs) pour les 254,596,821 francs qu'elle rapporta.

La proportion était, on le voit, celle de contracter un emprunt de 250 francs en laissant 50 francs à l'intermédiaire...

IV

Les Entrepreneurs.

Quant aux travaux dans l'isthme, la même allure gaspillante y présida.

D'abord la Compagnie confia l'entreprise *générale* du Canal à MM. Couvreux et Hersent par un contrat conclu pour 512 millions. Puis elle s ravisa et traita avec une série de petits entrepreneurs, soit au cube, soit à la tâche, soit en régie. Après cela elle changea derechef d'idée et donna les travaux à six grands entrepreneurs : MM. Huerne, Slaven et C° (dragage); MM. Cutbill, de Lungo, Watson et Van Hattum auxquels succédèrent MM. Artigue, Sonderegger et C° (tranchée de la Culebra); MM. Jacob, de Nantes;

Vignaud, Barbaud, Blanleuil et C⁰, et la Société des travaux publics et constructions. Enfin, quand, *après six ans de besogne*, la Compagnie s'aperçut un beau matin que son projet primitif d'un canal à niveau n'était pas possible, elle se décida pour un canal à écluses et traita avec M. Eiffel, le constructeur de la fameuse Tour parisienne qui porte son nom.

Et, à chaque modification, c'était un flot montant d'augmentations de prix très importantes complétées par des allocations d'installations ou de réinstallations de chantiers qui absorbèrent des sommes considérables, sans compter les indemnités énormes payées aux entrepreneurs cessant leurs travaux lors de l'adoption du canal à écluses.

Voici, d'ailleurs, un aperçu de quelques sommes dépensées :

Le contrat Couvreux et Hersent est dénoncé moyennant une indemnité de *12 millions ;*

La Société Slaven et C⁰ a touché près de 70,000,000 de francs dont *10,800,000 fr.* non justifiés sur l'état des travaux exécutés, donc considérés comme *excédent de recettes ;*

L'entreprise Vignaud et Cⁱᵉ touche un *excédent de plus de 5 millions ;*

L'entreprise Jacob : 16 millions et demi, sur lesquels il y a un *excédent de près de 8 millions ;*

Société de Travaux publics : 76,000,000 de francs. *Excédent : plus de 20 millions ;*

Entreprise Artigue : 50 millions. *Excédent : plus de 12 millions ;*

Entreprise Baratoux : 37 millions et demi. *Excédent : 12 millions et demi ;*

Entreprise Eiffel : 73 millions et demi. *Excédent : plus de 23 millions.*

Donc, sur un ensemble de 323 millions et demi que ces sept derniers entrepreneurs ont eu respectivement à manipuler, on trouve, avec l'indemnité accordée à MM. Couvreux et Hersent, 103,300,000 fr. qui peuvent figurer au chapitre des dépenses sans justification d'emploi.

V

La Compagnie aux abois.

On comprend que, dans ces conditions, cela ne pouvait durer. D'autant plus que les appels d'argent réitérés de la Compagnie commençaient à lasser le public.

Alors celle-ci joua le tout pour le tout.

A ses procédés de gaspillage elle ajouta l'abus des fausses assertions comme moyen particulier d'attirer les fonds. Ainsi elle parlait d'un prétendu contrat assurant l'entière exécution du canal pour un chiffre de dépenses *fixé à forfait*, alors que ce contrat ne constituait qu'une entreprise *en régie* et à titre d'essai ; — elle abaissait arbitrairement les évaluations faites par les commissions techniques envoyées sur place pour faire des études préliminaires ; — elle eut recours à des dissimulations, à l'aide de bilans annuels ne donnant que des indications insuffisantes pour se rendre compte de la véritable application des sommes dépensées ; — elle rédigea des rapports exagérant l'état réel d'avancement des travaux et dissimulant les difficultés survenues ou prévues, etc., etc., — tout cela pour obtenir du public de nouveaux millions qui, on vient de le voir, allaient ailleurs qu'au Canal.

Mais les millions se montrant malgré tout de plus en plus hésitants, la Compagnie en vint aux emprunts à lots et demanda, en mai 1885, l'autorisation de faire une émission de ce genre.

Le gouvernement voulant d'abord savoir à quoi s'en tenir, envoya à Panama M. Rousseau, ingénieur en chef des ponts et chaussées, ancien sous-secrétaire d'Etat, qui, le 30 avril 1886, dressa un rapport de son enquête. Ce rapport, dont les conclusions n'étaient pas favorables, fut remis au ministre des travaux publics, M. Baïhaut, qui déposa néanmoins — on verra plus loin pourquoi — un projet de loi donnant à la Compagnie l'autorisation sollicitée par elle.

Cependant, l'adoption de ce projet de loi ayant été ajournée, M. Ferdinand de Lesseps annonça alors, à l'assemblée générale du 29 juillet 1886, une émission d'un nouveau type d'obligations 4 pour 100 qui, dans son estimation, procurerait à la Compagnie une nouvelle ressource de 225 millions. Grâce à une campagne effrénée, basée sur le système d'assertions fausses que nous venons de signaler, cette émission, faite le 3 août, atteignit le chiffre de 204,460,900 francs.

Et puis, l'année suivante, le 26 juillet, une autre émission analogue (la cinquième), réalisa encore 113,910,280 francs.

Mais le gouffre était déjà trop profond. Ces nouveaux millions disparurent comme leurs aînés.

Alors la Compagnie revint à la charge pour ses obligations à lots et adressa à cet effet une nouvelle demande au ministre des finances, le 16 novembre 1887, par une lettre de M. Ferdinand de Lesseps qu'appuya une campagne de pétitionnement organisée par la Compagnie.

En attendant le sort que le Parlement réservait à sa demande, la Compagnie risqua une sixième émission d'obligations, le 14 mars 1888, qui ne lui rapporta que 35,031,930 fr. 80 cent.

Enfin, le Parlement vota la loi autorisant une émission d'obligations à lots (on verra plus loin comment ce vote fut obtenu), et, le 26 juin 1888, la Compagnie demanda aux épargneurs de bonne volonté un nouveau *nerf* de 720 millions... Elle n'obtint que 254,596,821 fr. 73 cent.

Enfin, une tentative de placement de *bons à lots*, faite au mois de décembre suivant, ne rapporta plus que 12,543,184 francs (1).

Ce fut la débâcle.

Après avoir sollicité inutilement une loi spéciale l'autorisant à proroger ses payements, la *Compagnie*

---

(1) En résumé, les appels de fonds de la Compagnie de Panama, depuis 1881 jusqu'en 1888, ont donné le résultat général suivant :

Produit du capital-actions (1881)............		292.705.125	»
1re émission (obligations) du 7 sept. 1882..	109.483.198	»
2e — — 3 oct. 1883....	168.475.302	44
3e — — 25 sept. 1884..	144.331.713	»
4e — — 3 août 1886...	204.460.900	»
5e — — 26 juillet 1887.	113.910.280	»
6e — — 14 mars 1888..	35.031.930	80
7e — (valeurs à lots) 26 juin 1888..	254.596.821	73
8e — (bons à lots) décembre 1888.	12.543.184	»
Total......................	1.335.538.454	97

universelle du Canal interocéanique de Panama cessa son fonctionnement normal le 14 décembre 1888.

Commencée le 31 janvier 1881, elle avait donc eu une durée de sept ans environ.

VI

En liquidation.

Dans cette situation, M. Ferdinand de Lesseps s'adressa au tribunal civil de la Seine pour obtenir un conseil d'administrateurs judiciaires.

Furent désignés : MM. Denormandie, ancien gouverneur de la Banque de France ; Baudalot, ancien président du tribunal de commerce de la Seine, et M. Hue. Ces messieurs avaient les pouvoirs les plus étendus, même de contracter, si possible, un nouvel emprunt pour parer à l'interruption des travaux.

Ces administrateurs n'aboutissant à rien de pratique, le tribunal civil prononça, le 4 février 1889, la dissolution de la Société de Panama et nomma un ancien ministre, M. Brunet (aujourd'hui décédé), comme liquidateur.

Celui-ci crut pouvoir régler l'affaire en négociant, sans limitation de prix et sans intérêts, celles des obligations à lots de la dernière émission qui n'avaient pas encore été placées à la date de la mise en liquidation. Cette opération *in extremis*, loin de réussir, provoqua, au contraire, des plaintes assez sérieuses pour que le parquet ordonnât, en juin 1891, une enquête que dirigea M. le conseiller Prinet.

M. Brunet se retira comme liquidateur et M. Monchicourt fut nommé à sa place.

L'enquête de M. Prinet porta principalement sur l'emploi des fonds dépensés par la Compagnie. Nous en avons déjà donné le tableau au chapitre II.

VII

Première instruction judiciaire.

Son enquête l'ayant amené à constater des faits tombant sous le coup de la loi pénale, M. Prinet crut devoir commencer une instruction. Il fit saisir chez plusieurs entrepreneurs-adjudicataires des travaux les contrats et pièces de comptabilité y relatives, tant à Paris qu'en province. De tout quoi il rédigea un rapport détaillé qui fut joint au dossier.

An commencement de septembre 1892, c'est-à-dire après plus d'un an d'enquête, la Chambre, poussée par d'incessantes réclamations de la part des *huit cent mille souscripteurs* du Panama, décida, enfin, que ce dossier serait remis au procureur général près la cour de Paris, M. Quesnay de Beaurepaire, lequel aurait à statuer.

Il était, d'ailleurs, temps de prendre une décision, attendu que le 28 fevrier 1893, c'est-à-dire dans quelques mois, la Compagnie de Panama perdait ses droits à la concession de l'isthme, si les travaux ne reprenaient pas avant cette date — et qu'elle n'obtenait pas une prorogation du gouvernement colombien.

Le procureur général mit deux mois à examiner ce volumineux dossier et finit par conclure à des poursuites devant la première chambre de la Cour de Paris, jugeant correctionnellement. D'après ces conclusions, MM. Ferdinand de Lesseps, Charles de Lesseps et *tous autres*, inculpés de délits de droit commun, seraient traduits conformément à l'article 10 de la loi du 20 avril 1810 et l'article 479 du code d'instruction criminelle, sur citation directe du procureur général. M. Quesnay de Beaurepaire transmit son rapport au ministre de la Justice, M. Ricard.

Or, d'après cette loi de 1810, les hauts dignitaires de la Légion d'honneur doivent être, en cas de poursuites, déférés à une juridiction spéciale. C'était le cas de M. Ferdinand de Lesseps qui, on le sait, est grand'croix de l'ordre. En conséquence, le gouvernement, peu disposé à laisser juger la Compagnie de Panama à cause des scandales probables qui en résulteraient, chercha à profiter de cette situation du président de son conseil d'administration, pour refuser de mettre en mouvement la justice ordinaire.

Mais la question fut portée à la Chambre le 12 novembre, par M. Pontois, qui déposa un projet de loi tendant à abolir ce privilège juridictionnel.

Ce député, d'ailleurs, ne faisait que reprendre une proposition du même genre déposée jadis par son collègue, M. Dupuy-Dutemps. Et, dans les circonstances actuelles, la Chambre voulut se prononcer sans plus ample délai. Après une courte discussion, votée d'urgence, elle adopta le projet de loi Pontois-Dupuy-Dutemps à une forte majorité.

VIII

Poursuites contre les Administrateurs.

Le gouvernement s'inclina et mit alors de la précipitation à agir conformément aux intentions de la Chambre. Avant d'attendre que le Sénat se fût prononcé à son tour sur cette loi d'abolition, il décréta, le 15 novembre suivant, par le ministère du procureur général, des poursuites contre MM. *Ferdinand de Lesseps*, président du conseil d'administration du Panama, *Charles de Lesseps, Henri Cottu, Marius Fontane*, secrétaire général de la Compagnie et *G. Eiffel*, entrepreneur, « prévenus, lisons-nous dans la citation, d'avoir, conjointement et depuis moins de trois ans avant le dernier acte de poursuite à Paris, en employant des manœuvres frauduleuses pour faire croire à l'existence d'un événement chimérique et d'un crédit imaginaire, dissipé des sommes provenant d'émissions qui leur avaient été remises pour un usage et un emploi déterminés, et escroqué tout ou partie de la fortune d'autrui (1). » La comparution était fixée au 25 novembre, pardevant le premier président, les prési-

---

(1) La Cour d'appel n'avait à se prononcer que sur les agissements de la Compagnie pendant ses émissions de juin et de décembre 1888. Sa gestion antérieure à cette époque, bien que jugée tout aussi délictueuse, était couverte par la prescription.

dents et conseillers de la Cour d'appel de Paris. Mais les avocats des prévenus ayant à cette date-là demandé pour leurs clients une comparution *au 10 janvier 1893*, cette remise leur fut accordée par la Cour.

Comment M. Ferdinand de Lesseps prit-il cette mise en demeure? Il l'ignora. Retiré dans sa propriété de La Chesnaye (Indre), où il méditait tristement sur l'effondrement de son entreprise de Panama, sa femme et tout son entourage s'ingéniaient à lui cacher constamment ce qui se passait à Paris. Cela dans la seule intention d'épargner cette suprême douleur à son grand âge, car, pour les siens, la non-culpabilité de celui qu'on avait surnommé le Grand Français ne faisait aucun doute. A ce sujet, Mme la comtesse de Lesseps adressa le 17 novembre, au directeur du *Gaulois*, une lettre que nous reproduisons à l'*Appendice*.

Mais la question des poursuites n'était rien à côté de ce qui allait arriver.

L'opinion publique fut brusquement secouée par des révélations de presse qui inaugurèrent pour l'Affaire du Panama une phase nouvelle devant avoir des conséquences inattendues.

Ç'a été un défilé extraordinaire de personnalités politiques et autres qui toutes furent accusées d'avoir émargé à la caisse de la Compagnie de Panama et participé, chacune pour telle ou telle somme, à la dilapidation d'une partie des capitaux versés par les actionnaires et obligataires pour la construction du Canal et qui avaient été de la sorte détournés de leur destination.

Nous allons à notre tour faire défiler cette longue

liste. Pour la méthode et la clarté de notre récit, nous grouperons sur chaque nom impliqué, les faits et renseignements qui le concernent.

Mais avant d'aborder cet exposé de personnes qu'on trouve plus loin sous la rubrique : LES IMPLIQUÉS, nous continuons l'historique de l'Affaire par le récit des faits.

IX

Jacques de Reinach. — Sa mort.

Pendant que les premières révélations des journaux jetaient dans le public un légitime émoi, il se produisit tout à coup un événement tragique qui vint aggraver singulièrement la situation.

Dans la matinée du dimanche 20 novembre 1892, on apprit la mort subite d'un financier très connu sur la place de Paris, le baron Jacques de Reinach, que la veille encore on avait vu, en pleine santé, vaquer à ses affaires.

C'était un israélite allemand originaire de Francfort, de noblesse très récente, son père ayant été créé baron italien par Victor-Emmanuel en 1866. Il était venu en France établir une maison de banque qu'il avait dirigée avec son beau-frère, M. Kohn, jusqu'en 1891. Depuis lors, il s'était retiré de cet établissement qui a continué sous la raison sociale S. Propper et Cie.

Mais il n'avait point cessé de s'occuper d'affaires et

de spéculations. On le savait intéressé dans l'entreprise du Panama et, depuis quelques jours, son nom était mêlé à cette affaire d'une façon compromettante. En effet, la veille même de son décès, le journal la *Cocarde* avait cité publiquement le baron J. de Reinach comme ayant été l'agent de la Compagnie chargé de négocier dans la presse et dans le Parlement des influences et des votes pour obtenir l'autorisation officielle de la dernière émission de la Société, celle des obligations à lots, en 1888. En d'autres termes, d'avoir fait métier de corrupteur.

Or, au moment précis où les poursuites venaient d'être décrétées contre les administrateurs du Panama, cette mort subite prenait tout le caractère d'un suicide et elle produisit un effet extraordinaire. On alla même plus loin qu'au suicide : on prétendit que le baron avait été « supprimé » pour enfermer dans sa tombe le secret des révélations accablantes qu'il eût été à même de faire. Ainsi M. Ducret, rédacteur en chef de la *Cocarde,* affirmait qu'il y avait au Parlement plus de cent personnes dont l'honneur était engagé à ce que le baron de Reinach ne parlât point...

Dans ces conditions, il était du devoir immédiat du gouvernement de faire apposer les scellés chez le défunt. Mais le médecin de la famille et celui de l'Assistance publique ayant conclu à une mort naturelle par suite d'une congestion cérébrale, le ministre de la Justice, M. Ricard, crut ne pas devoir appliquer cette formalité légale. La suite de notre récit démontrera combien le gouvernement avait tort d'en agir ainsi.

X

L'interpellation-Delahaye.

Toutes ces allégations de presse avaient surexcité l'opinion publique et l'heure avait sonné de les aborder dans le Parlement même puisque celui-ci venait d'être mis ouvertement en suspicion.

Un député d'Indre-et-Loire, M. Jules Delahaye, se chargea de porter la question à la tribune, en séance du 21 novembre, sous forme d'interpellation portant sur les lenteurs de la justice à rechercher les coupables.

Après avoir dit que les poursuites engagées avaient pour but de dissimuler les faits au pays, le député de Chinon montra le défunt financier baron de Reinach se faisant fort auprès de la Compagnie de Panama pour obtenir, par ses influences et la corruption, l'intervention des pouvoirs publics nécessaires pour l'émission de ses valeurs à lots. Pour commencer, ce financier reçut de la Compagnie cinq millions à son entière disposition et dont il ne devait rendre compte à personne. Il recruta pour sa besogne corruptrice un nommé Arton (*Impliqués*) en ce moment en fuite, auquel il remit un carnet de chèques « pour faire le nécessaire ». Trois millions furent ainsi distribués entre plus de 150 membres du Parlement... Mais les appétits excités grandirent, devinrent énormes et le financier entremetteur dut, à plusieurs reprises, demander des suppléments de paye.

Ici l'orateur fit allusion à une somme de 300,000 fr. attribués à M. Floquet en 1888, à l'époque où celui-ci était président du conseil, c'est-à-dire chef du gouvernment (*Appendice*) ; puis à l'achat d'un grand journal russe ; puis à la corruption d'un député membre de la commission chargée d'examiner le projet de valeurs à lots, et dont le vote, payé 200,000 francs, fit pencher la majorité de la commission en faveur du projet (1). Finalement, M. Delahaye demanda que la Chambre nommât dans son sein une commission d'enquête qui aurait pour mission de rechercher les faits et de faire connaître la vérité au pays.

Après un débat violent, la Chambre décida, par 311 voix contre 243, (une majorité de 68 voix sur 554 députés présents), qu'il y avait lieu en effet de procéder à une enquête parlementaire (2).

Cette commission d'enquête, comptant 33 membres, fut élue aux deux séances suivantes et définitivement composée de MM. *Henri Brisson*, président ; *Clausel de Coussergues*, *Jolibois*, vice-présidents ; *Barthou, Terrier, de La Batut, de Villebois-Mareuil*, secrétaires ; *Bertrand, Guieysse, Dumay, d'Aillières, Gamard, Grousset, de Ramel, Loreau, Bory, Leydet, Dupuy-Dutemps, Sarrien, Bérard, Bovier-Lapierre, Labussière, Gerville-Réache, Delcassé, Mathé* (Allier), *Maujan Deluns-Montaud, Camille Pelletan, Taudière, Bigot, Guillemet, Vallé* et *Gauthier de Clagny*, membres.

La première séance de la Commission d'enquête eut lieu le vendredi 25 novembre.

---

(1) Voyez Sans-Leroy, aux *Impliqués*.
(2) Voyez à l'*Appendice* le compte-rendu de cette séance.

Tout d'abord elle dut prendre acte d'une déclaration très grave faite par M. Ricard, garde des sceaux, au sujet du défunt Jacques de Reinach. Invité à donner quelques renseignements sur la situation particulière qui avait été faite par l'instruction judiciaire à ce financier, M. Ricard répondit que M. de Reinach devait être poursuivi et qu'on l'allait assigner au lendemain du jour où il mourut subitement... « Et pourquoi n'avez-vous pas fait saisir les papiers du défunt et apposer les scellés? fut-il demandé au ministre. « Parce qu'un certificat officiel constatait un décès de mort naturelle, » répondit-il (1).

Ensuite la commission entendit M. Jules Delahaye, le député, qui venait de porter la question du Panama à la Chambre. On espérait que M. Delahaye aurait précisé les accusations portées par lui à la tribune, mais il se borna à remettre à la commission un long mémoire détaillé contenant une sorte de *processus* ou guide indicateur pour les investigations à faire, mémoire que, d'ailleurs, les commissaires enquêteurs ont suivi de point en point (2).

(1) Les héritiers de Jacques de Reinach présentèrent le 22 novembre une requête tendant à la nomination d'un administrateur judiciaire de la succession. M. Imbert fut désigné et fit apposer les scellés le lendemain, soit trois jours après le décès.
(2) Voyez ce mémoire à l'*Appendice*.

XI

Le Crédit Lyonnais et la Société Générale

Mais déjà au Parlement, et avant la constitution de la commission d'enquête, on avait abordé des points intéressants à propos des finances du Panama.

Un député des Côtes-du-Nord, M. Le Provost de Launay, parlant à la Chambre lors de l'interpellation-Delahaye, signala les exigences que les grands établissements financiers avaient montrées à l'égard de la Compagnie. Ainsi, d'après les livres de la Compagnie, le Crédit Lyonnais, et aussi la Société Générale auraient prêté à 85 pour 100 !

M. Germain, président du conseil d'administration du Crédit Lyonnais et également député, répondit que son établissement et la Société Générale avaient fait à la Compagnie de Panama un prêt de 30,000,000 de francs à 5 pour 100, et non à 85. D'autre part, pour le concours donné par lui à l'émission des obligations à lots, il avait été alloué au Crédit Lyonnais une commission spéciale par obligation souscrite à ses guichets, commission qui avait été réglée par une attribution de titres sur lesquels le Crédit, ajouta M. Germain, a subi une perte importante. Bref, cette commission de banque représentait 2 pour 100 du montant des titres placés aux guichets, et si l'on en déduit les rétrocessions aux intermédiaires et les frais, le bénéfice net ressort à 1 fr. 50 pour 100 seulement, dit l'orateur en terminant.

M. Hély d'Oissel répondit dans le même sens au nom de la Société Générale. Cependant, au cours du procès en Cour d'appel, comme on le verra plus loin, M. Charles de Lesseps déclara que le Crédit Lyonnais et la Société Générale avaient touché *chacun* une commission de *deux millions* de francs pour leur prêt de trente millions.

L'allégation, portée à la tribune par M. Le Provost de Launay, était basée sur une conversation qu'il avait eue, le 6 juin 1890, en compagnie de son collègue M. de Lamarzelle, avec M. Charles de Lesseps. Celui-ci leur avait dit qu'il fallait aujourd'hui, pour lancer une émission, un syndicat de garantie composé des grandes sociétés de crédit : Société Genérale, Crédit Lyonnais, etc., des gros et des petits banquiers. « Si on ne forme pas de syndicat, pas de guichets ouverts et, par conséquent, pas de clients pour couvrir votre souscription. Ces établissements touchent ainsi une grosse somme et nous sommes obligés de passer par là » (1).

XII

La question du dossier judiciaire

Revenons à la commission d'enquête.

Désireuse d'avoir en main tous les instruments né-

(1) Voyez à l'*Appendice*.

cessaires à ses recherches, elle demanda la communication du dossier de l'instruction judiciaire remis, comme on sait, à M. le procureur général, Quesnay de Beaurepaire.

Or, celui-ci déclara que ce dossier ne pouvait être livré à la commission : 1° parce que les quatre défenseurs des prévenus s'y opposaient dans l'intérêt de la défense (1) ; 2° parce que M. Périvier, premier président de la Cour d'appel, s'y opposait également, en déclarant que cette communication serait contraire à toutes les règles judiciaires et aussi à l'article 38 de la loi de 1881, qui interdit la divulgation des pièces d'une instruction avant leur lecture à l'audience.

En même temps que M. le premier président Périvier refusait la communication du dossier à la commission d'enquête, il adressa aux journaux une lettre pour protester contre cette phrase, insérée à propos de la comparution du conseiller Prinet devant la dite commission : « M. Prinet, conseiller à la cour de Paris, a été autorisé par ses chefs hiérarchiques à venir déposer devant la commission d'enquête. » M. Périvier déclarait que jamais il n'avait autorisé M. Prinet à déposer devant la commission parlementaire. « Si celui-ci l'avait fait, c'était sous sa responsabilité personnelle », ajouta le premier président.

M. le procureur général exprima le même avis en ajoutant que M. Prinet aurait dû se croire lié par le secret professionnel.

Un conflit se dessinait donc entre le pouvoir judiciaire et la commission d'enquête instituée par la Chambre. Il s'accentua sur la question de la saisie des

(1) Voyez à l'*Appendice* le texte de cette protestation.

chèques de la maison Thierrée (*Appendice*). Cette saisie ayant été demandée à M. Quesnay de Beaurepaire, celui-ci n'avait pas voulu l'accorder avant de prendre l'avis de la première chambre de la Cour. En attendant, il avait conseillé à la commission de procéder par une saisie administrative dont l'autorisation devait être demandée au ministre de l'Intérieur qui la transmettrait au préfet de police.

Ce fut, en effet, ce procédé qu'employa la commission d'enquête.

La perspective d'un conflit préoccupa plusieurs membres de la commission qui émirent l'avis de se confiner sur le domaine parlementaire et de ne pas empiéter sur le terrain judiciaire. Mais d'autres opinèrent pour que l'enquête embrassât tous les côtés de l'affaire, aux fins de procéder à une lessive générale, au grand jour, en pleine lumière, sans tenir compte des résistances d'un procureur général ou d'un premier président. « Sénateurs, députés, gens du monde où l'on tripote, financiers ou spéculateurs véreux, agents interlopes, il y a de tout dans cette affaire, et nous voulons, autant pour l'honneur des innocents que pour la flétrissure des coupables, individualiser les responsabilités. » Ainsi s'exprima particulièrement M. de Villebois-Mareuil, l'un des secrétaires de la commission d'enquête. Bref, la majorité se rangea de cet avis et la commission réclama *hic et nunc* la communication du dossier judiciaire, en même temps que l'autopsie du cadavre de Jacques de Reinach et la saisie des papiers du défunt.

XIII

La question de l'autopsie.

Car sur la question du dossier était venue se greffer la question de l'autopsie et les deux choses entraînèrent brusquement la chute du ministère.

Voici comment :

La commission d'enquête avait exprimé le vœu que le gouvernement prît telle mesure médico-légale qu'il conviendrait pour établir si M. de Reinach était ou non mort de mort violente.

Le gouvernement se refusa à intervenir à cette occasion et s'en remit à la famille du soin de faire procéder à ces constatations.

A la séance de la Chambre des députés du 28 novembre, M. le marquis de la Ferronnays réclama une ordonnance de procéder à l'exhumation et à l'autopsie du cadavre. Se retranchant toujours derrière cet argument qu'un certificat officiel constatait la mort naturelle, M. le ministre de la justice Ricard ajouta dans sa réponse qu'il aurait ordonné l'autopsie malgré le procès-verbal du médecin s'il avait eu la conviction qu'un crime eût été commis. Mais cette conviction n'étant pas la sienne, il attendrait jusqu'à ce que la commission d'enquête pût lui prouver qu'il y avait soupçon de crime contre quelqu'un. M. Brisson, président de la commission, insista pour obtenir l'autopsie immédiate. Or, M. Loubet, président du conseil, ayant déclaré son cabinet solidaire de l'opinion du garde des sceaux, la Chambre prit, à une forte majorité, le parti de la commission d'enquête, et, séance tenante, le cabinet-Loubet donna sa démission.

XIV

Le cabinet-Ribot.

Le ministère fut reconstitué neuf jours après avec cette modification que MM. Ricard et Jules Roche furent remplacés : par M. Léon Bourgeois, à la justice ; par M. Jules Siegfried, au commerce et à l'industrie. M. Bourgeois tenait précédemment le portefeuille de l'instruction publique qui fut maintenant confié à M. Charles Dupuy. Tous les autres membres du cabinet démissionnaire rentrèrent en fonctions et M. Ribot, ministre des affaires étrangères, prit la présidence du conseil.

Le premier acte du ministère reconstitué fut d'accorder cette autopsie dont le refus avait coûté sa chute au cabinet-Loubet. Elle fut faite, le 10 décembre, sous la direction de M. le médecin-légiste Brouardel, au cimetière de Nivillers (Oise), commune dont le baron de Reinach était maire et où il avait été enterré. En présence d'une délégation du parquet de Beauvais, les viscères, le cerveau et autres parties du corps furent enfermés dans des bocaux et remis à M. Clément, commissaire aux délégations judiciaires, qui les transmit à son tour au laboratoire municipal de Paris chargé de l'examiner. Après deux mois d'expertise et de contre-expertise, les spécialistes à ce commis déclarèrent qu'ils ne pouvaient déterminer d'une façon formelle quelle avait été la cause de la mort du financier en question.

Le nouveau cabinet régla aussi la question du dossier de l'instruction judiciaire.

Dans sa séance du 8 décembre, la Chambre des députés discuta une interpellation sur les conditions dans lesquelles le cabinet-Ribot entendait prêter son concours à la commission d'enquête. La question du dossier étant venue sur le tapis, le gouvernement se déclara prêt à le communiquer à la commission, mais sous certaines conditions de forme, notamment après que ce dossier aurait été soumis au ministre de la justice.

A la suite de ce débat, M. Quesnay de Beaurepaire donna sa démission. Mais il fut aussitôt nommé président de chambre à la cour de cassation et remplacé dans ses fonctions de procureur général par M. Tanon, conseiller à ladite cour.

XV

« Micros. »

Pendant ce temps, la commission d'enquête avait entendu un M. Ferdinand Martin qui avait publié dans la *Libre Parole*, sous le pseudonyme de *Micros*, une série d'articles sur les dessous du Panama.

M. Ferdinand Martin déclara qu'il avait été l'ami de M. Charles de Lesseps et que la Compagnie, à laquelle il avait fini par être attaché, l'avait chargé d'une mission analogue à celle du baron de Reinach, mais qu'en tout, on n'avait mis à sa disposition qu'une somme de 45,000 francs... Il ajouta qu'en 1888 des conciliabules se tenaient au siège de la Compagnie entre MM. Charles de Lesseps, le baron de Reinach, Arton et des députés parmi lesquels il avait reconnu MM. Barbe, Gomot, Richard (Drôme), Le Guay, Saint-Martin (Vaucluse), Chavoix et Naquet. Plus tard, ayant eu à se plaindre des procédés de la Compagnie à son égard, ce M. Martin l'avait quittée et s'était mis à publier des articles contre elle dans la *Libre Parole*.

Il avait mené cette campagne avec des documents provenant d'un dossier formé par M. Cottu, administrateur de la Compagnie, lequel dossier avait été *chipé* (textuel) à ce dernier, et était tombé, croyait M. Martin, en possession de M. Constans, ancien ministre de l'intérieur.

Dès le lendemain de cette allégation, M. Constans protesta par un démenti.

M. Alfred Naquet, désigné comme ayant pris part aux conciliabules tenus au siège de la Compagnie de Panama, protesta aussi. Il était allé seulement deux ou trois fois au siège de la Compagnie de *Suez* demander des éclaircissements sur l'entreprise de Panama, au moment où les porteurs de titres avaient, par de nombreuses pétitions, créé un mouvement pour réclamer le vote de l'émission des obligations à lots.

XVI

Démission de M. Rouvier.

Les événements se succédaient.

Un article du *Figaro* sur un très curieux individu, le nommé Cornélius Herz (1), signala des faits auxquels, à côté de ce personnage, se trouvaient mêlés MM. Rouvier et Clémenceau. Deux paragraphes de cet article disaient notamment ceci :

« Le 19 novembre, veille de sa mort, le baron de Reinach a passé la majeure partie de sa journée avec M. Cornélius Herz et M. Clémenceau qu'accompagnait M. Rouvier...

« C'est avec eux que le baron a discuté pour la dernière fois de ses intérêts et de son procès... »

M. Clémenceau, par un écrit public qui parut le lendemain, mit les choses au point exact : M. Rouvier était venu le chercher à la Chambre pour lui demander de l'accompagner, avec le baron de Reinach, chez Cornélius Herz pour prier celui-ci de s'employer à mettre un frein aux attaques que certains journaux multipliaient contre de Reinach. M. Clémenceau avait consenti. Contrairement à ce que le baron de Reinach avait espéré, Cornélius Herz répondit qu'il était hors d'état de rendre le service qu'on lui demandait.

Alors ces trois messieurs s'étaient rendus dans le même but auprès de M. Constans, ancien ministre de

(1) Voyez Cornélius Herz, aux *Impliqués*.

l'intérieur, qui, lui aussi, fit une réponse identique.

Et c'est en quittant MM. Rouvier et Clémenceau que Jacques de Reinach leur avait dit : « Je suis perdu ! »

Le lendemain, on le trouva mort dans son lit.

Cette révélation de M. Clémenceau mettait M. Rouvier, ministre des finances, dans la posture d'un homme en relations intimes avec un spéculateur dont la mort soudaine semblait trahir des dessous malpropres. M. Rouvier (1) n'attendit pas les conséquences du fait, il alla au-devant d'elles en donnant sa démission et, quelques heures après, il fut remplacé par M. Tirard, qui, d'ailleurs, avait déjà dirigé précédemment le département des finances.

En séance de la Chambre du 12 décembre, M. Rouvier s'expliqua sur cette affaire. Il reconnut qu'il avait des relations avec Jacques de Reinach « parce qu'en France, dit M. Rouvier, un ministre des finances a toujours des relations avec la plupart des financiers. Cependant, quand Jacques de Reinach était venu le trouver, M. Rouvier ignorait qu'il était compris parmi les prévenus du Panama. Et s'il s'était rendu à son désir pour aller trouver Cornélius Herz, c'avait été par humanité, par compassion pour un homme qui faisait de cette démarche une question de vie ou de mort. » La Chambre accueillit froidement ces explications que M. Rouvier renouvela le lendemain devant la commission d'enquête en répétant qu'il ignorait absolument que Jacques de Reinach se trouvait parmi les inculpés.

MM. Clémenceau et Constans vinrent à leur tour affirmer que tout s'était passé comme l'avait relaté l'écrit publié le lendemain.

(1) Voyez ROUVIER, aux *Impliqués*.

XVII

La question des pouvoirs spéciaux.

Entre temps la Chambre était saisie d'une proposition de M. Pourquery de Boisserin tendant à donner des pouvoirs spéciaux à la commission d'enquête. Celle-ci, cependant, ne réclamait pas une discussion immédiate estimant que, jusqu'ici, le ministère reconstitué lui avait prêté son concours le plus absolu dans les recherches à faire. Mais si la commission devait rencontrer à l'avenir des difficultés de la part du gouvernement, alors la nécessité de ces pouvoirs spéciaux serait urgente. La Chambre était, au contraire, d'avis d'examiner la question sur l'heure, l'ajournement fut repoussé et, après un long et vif débat, elle émit, par 271 voix contre 265 (6 voix de majorité), un vote déclarant qu'il n'y avait pas lieu de discuter la proposition des pouvoirs spéciaux.

XVIII

Arrestations et poursuites.

En attendant, la commission d'enquête avait déjà fait beaucoup de besogne. Ses investigations, conduites d'après les indications de M. Delahaye, avaient, en effet, amené la découverte de plusieurs faits très graves, entre autres la répartition de grosses sommes à plusieurs journaux (voyez La Presse à l'*Appendice*) et l'existence d'un bordereau de chèques acquittés qui annonçaient tout un système de corruption parlementaire et autre (voyez les Chèques-Thierrée à l'*Appendice*).

Le gouvernement sentit que son devoir était d'agir.

Dans un conseil de cabinet, tenu le 15 décembre, il jugea que les faits établis depuis quelques jours avaient changé le caractère des poursuites ordonnées contre les administrateurs du Panama et qu'il fallait criminaliser l'affaire.

En conséquence, le garde des sceaux donna ordre au procureur général d'inviter le procureur de la République à ouvrir une information au criminel pour corruption de fonctionnaires publics. Cette information fut immédiatement ouverte et confiée à M. Franqueville, juge d'instruction, qui fit procéder à l'arrestation de *MM. Charles de Lesseps* et *Marius Fontane*, administrateurs du Panama, et de *M. Sans-Leroy*, ancien député de l'Ariège, accusé d'avoir reçu 200,000 fr. pour changer son vote lors du projet de loi sur l'émission des obligations à lots en 1888 (1).

M. *Henri Cottu*, administrateur du Panama, également désigné pour être arrêté, se trouvait à Vienne où il apprit ce qui se passait à Paris. Il quitta aussitôt l'Autriche et vint se constituer prisonnier.

En même temps qu'il faisait procéder à ces arrestations, le juge d'instruction signa plusieurs mandats de perquisition chez MM. Brémont dit Verragaude, Thierrée, Propper, Cornélius Herz, et au siège social

(1) Voyez Sans-Leroy, aux *Impliqués*.

de la Compagnie de Panama, pour y rechercher et saisir tous papiers, livres et chèques, ainsi que tous documents pouvant servir de pièces à conviction.

Les personnes arrêtées furent incarcérées à Mazas.

D'autre part encore, le ministre de la justice demanda une autorisation de poursuivre : 1º, à la Chambre, contre *MM. Rouvier, Emmanuel Aréne, Antonin Proust, Jules Roche,* et *Dugué de la Fauconnerie* et 2º, au Sénat, contre *MM. Béral, Devès, Albert Grévy, Léon Renault* et *Thévenet* (1). Tous ces messieurs étaient impliqués dans l'affaire des chèques-Thierrée et dans les opérations qui avaient accompagné l'émission (valeurs à lots) de 1888.

Les députés et sénateurs frappés de poursuites donnèrent, chacun pour sa part, des explications que nous reproduisons plus loin sous les rubriques respectives qui portent le nom des incriminés.

Parallèlement à ces faits, la commission d'enquête poursuivit ses investigations et apprit par une déposition de M. Monchicourt, liquidateur judiciaire de la Compagnie de Panama, que Jacques de Reinach avait bien réellement reçu, en 1888, une somme de deux millions pour publicité et près de trois millions pour frais de syndicat, sans compter les sommes données à la maison Kohn-Reinach-Propper. Les administrateurs du Panama avaient dit à M. Monchicourt que tout cet argent était le prix du concours donné par Jacques de Reinach à la réussite de l'émission des obligations à lots. A côté de cela, il y avait eu une somme de un million 400,000 francs distribuée par la Compagnie elle-même sous forme de bons de caisse délivrés à des ano-

(1) Voyez tous ces noms aux *Impliqués*.

nymes dont M. Monchicourt n'était pas parvenu à découvrir les noms, les administrateurs ayant obstinément gardé le silence à cet égard. Bref, d'après la déposition de M. Monchicourt, les sommes ainsi distribuées de toute façon ont atteint un total de près de onze millions.

D'autres recherches restaient donc à faire.

XIX

Cornélius Herz et M. Clémenceau.

Un nouvel incident se produisit, le 20 décembre, à la Chambre des députés. M. Paul Déroulède y accusa publiquement M. Clémenceau d'avoir été le client, le protégé, l'introducteur, le soutien de ce Cornélius Herz que nous avons dû signaler lors de la mort subite de Jacques de Reinach et auquel M. Clémenceau avait ouvert toutes les portes et tous les mondes, surtout le monde politique. « Cornélius Herz avait donné 400.000 francs à M. Clémenceau pour son journal *La Justice*, et, tout le temps, M. Clémenceau, député français de grande influence, entretenait des relations avec cet Allemand, faisait à ses côtés campagne dans tel ou tel but politique... M. Clémenceau, ajouta M. Déroulède, avait été un agent de désagrégation funeste pour notre pays et la part de Cornélius Herz était considérable dans le mal que Clémenceau a fait. »

M. Clémenceau répondit par des explications qui ne

détruisaient pas le fait de ses relations avec Cornélius Herz, mais, en ce qui concernait l'accusation d'avoir nui à son pays, il termina sa riposte en disant à M. Déroulède qu'il en avait menti. Un autre député, M. Millevoye, ayant joint sa voix accusatrice à celle de M. Déroulède, reçut de la part de M. Clémenceau un démenti exprimé de la même façon (1).

Cette apparition du nom de Cornélius Herz à la Chambre des députés avait trait à l'Affaire du Panama en ceci : elle était due à une demande d'interpellation de M. Déroulède sur les mesures disciplinaires à prendre par le grand chancelier de la Légion d'honneur au sujet de cet Allemand successivement nommé chevalier, officier, commandeur et grand-officier. Il venait d'être constaté que cet individu avait touché deux millions pris dans la caisse du Panama. Or, un décret de 1873 permettait de sévir contre les dignitaires de la Légion d'honneur pour des actes déshonorants, bien que non punis par la loi. M. Bourgeois, ministre de la Justice, répondit, à la fin du débat, qu'une instruction était ouverte et que s'il en résultait des faits à déférer M. Cornélius Herz devant le conseil de l'Ordre, il y serait déféré.

A la suite de cette altercation parlementaire, MM. Clémenceau et Déroulède se rencontrèrent dans un duel au pistolet. Trois balles furent échangées sans résultat.

Le conseil de la Légion d'honneur s'occupa sans délai du cas de Cornélius Herz et se prononça pour la radiation. En conséquence, un décret présidentiel du

(1) Voyez à l'*Appendice* le compte rendu détaillé de cette séance.

27 janvier, que nous reproduisons à l'*Appendice,* raya cet étranger des matricules de l'Ordre.

Quant aux affirmations de M. Déroulède, relativement aux sommes données par Herz à M. Clémenceau, elles furent appuyées par M. Henri Rochefort qui déclara que les versements avaient été bien plus considérables encore. Herz lui-même lui avait dit avoir donné quelque chose comme trois millions et demi au directeur de la *Justice.* Et feu M. Louis Guillot, député de l'Isère, qui fut au service de ce généreux Cornélius, avait assuré à M. Rochefort que le total des sommes atteignit quatre millions. Ces affirmations avaient été formulées devant des témoins que M. Rochefort offrit de produire.

M. Clémenceau se borna à démentir toutes ces allégations.

Ajoutons encore que M. Déroulède eut à ce sujet un nouveau duel avec un de ses collègues de la Chambre, M. Pichon, qu'il avait appelé « jeune commandité de Cornélius Herz », étant donnée sa qualité de rédacteur à la *Justice.* Ces messieurs se battirent à l'épée et se blessèrent mutuellement, sans gravité toutefois.

Il fut encore question d'engager le gouvernement à entendre et Rochefort (exilé à Londres) et Cornélius Herz (gardé à vue à Bournemouth), soit par voie diplomatique ou par voie de commission rogatoire, mais le gouvernement s'y opposa formellement en déclarant, à la séance de la Chambre du 6 février, qu'il appartenait au seul juge d'instruction de provoquer tel ou tel témoignage.

Dans cette même séance, M. Clémenceau offrit à la commission d'enquête de lui communiquer les livres de la *Justice*. Il ajouta qu'il se mettait à la disposition des pouvoirs publics et des lois de son pays. Il faut noter ici que, quelques instants auparavant, M. Déroulède avait dit : « Personne n'a dit que l'argent de Cornélius Herz ait été directement versé dans les caisses de la *Justice*, mais bien dans les mains de M. Clémenceau, ce qui n'est pas la même chose. »

XX

Les révélations de M. Andrieux.

Les événements se précipitèrent avec un intérêt croissant.

Le 22 décembre, la commission d'enquête entendit M. Andrieux qui, la veille, s'était fait connaître comme l'auteur d'une note de la *Libre Parole*, dénonçant M. Emmanuel Arène (voyez *Impliqués*). Cet ancien préfet de police fit, par la porte du Panama, sa rentrée sur la scène politique d'où il s'était tenu éloigné depuis deux ans, et sa déposition apporta un nouvel aliment à la curiosité publique déjà si surexcitée.

Il commença par déclarer que tous les noms sortis jusqu'ici et les membres du Parlement poursuivis à cette heure, étaient, à sa connaissance, bénéficiaires de quelques-uns des chèques-Thierrée dont lui, Andrieux, avait eu occasion de voir les doubles. Ensuite il communiqua à la commission la photographie d'une note indicative écrite il y a deux ans par quelqu'un que le déposant ne nomma pas mais qu'on découvrit plus tard être un M. Paul Stéphane, employé à la banque Kohn-de Reinach, qui déclara avoir, en effet, écrit cette note sous la dictée de Jacques de Reinach, en 1890. Le document contenait ceci :

« 20,000 fr. touchés par Arène, acquitté par Orsatti, son secrétaire ; — 20,000 fr. touchés par Devès, acquitté par Castelbon, son secrétaire ; — 550,000 fr. touchés par Barbe, ancien ministre, acquitté par Chevillard, son secrétaire ; — 20,000 fr. touchés par Albert Grévy, acquitté par lui ; — 20,000 fr. touchés par Jules Roche, acquitté par Schmitt, son employé ; — 25,000 fr. touchés par Dugué de la Fauconnerie, acquit illisible ; — 20,000 fr. touchés par Aigoin pour Floquet ; — 40.000 fr. touchés par Rouvier, acquitté par Vlasto ; — 80,000 fr. touchés par Cloëtta, employé de Cahen d'Anvers... »

M. Andrieux indiqua ici que cette dernière somme avait été distribuée entre cinq personnes parmi lesquelles se trouvait un personnage influent. Il ajouta qu'il savait le nom de ce personnage mais qu'il ne le prononcerait que quand il le jugerait nécessaire... Après quoi la note continuait et se terminait comme suit :

... « 40,000 fr. touchés par Pesson (ancien député d'Indre-et-Loire, décédé,) acquitté par Tubic, garçon de recettes ; — 40,000 fr. touchés par Rouvier, acquitté par un garçon de recettes du Crédit Mobilier ; — 25,000 fr. touchés par Léon Renault, acquitté par lui ; — 20,000 fr. touchés par Gobron, acquitté par Praslon, son banquier ; — 20,000 fr. touchés par Antonin Proust, acquitté par Burstert, son domestique ; — « somme inconnue » touchée par Béral, acquitté par Odinger, son employé ; — 25,000 fr. touchés par Thévenet, acquitté par Dupuy. »

Enfin une indication portant :

« 1,350,000 fr. touchés par Arton et distribués à 104 députés et dont les paiements varient entre 1,000 et 300,000 fr. »

M. Andrieux dit qu'il ne pouvait donner la liste de ces 104 députés. Il ajouta que 250 000 fr. avaient été remis à M. Floquet pour usages gouvernementaux. Quant à la note que nous venons de reproduire, il déclara que la photographie de ce document lui avait été remise par Cornélius Herz entre les mains duquel se trouvait l'original, et qu'il s'emploierait à l'obtenir pour la commission. « Cependant, ajouta-t-il, je ne cautionne pas la véracité des documents de la note indicative. » Cornélius Herz lui avait affirmé qu'il tenait cette note de Jacques de Reinach qui la lui avait remise il y a deux ans.

Quant à la liste des 104 députés, celle-ci se trouvait entre les mains d'Arton avec des documents probants. M. Andrieux avait retrouvé la piste du fugitif et lui avait fait proposer par un émissaire une forte somme en échange de ces documents, mais Arton s'y était refusé en disant que, s'il livrait ces pièces, il ne pourrait plus compter sur aucun ménagement et qu'il serait arrêté sur l'heure. D'ailleurs, avait-il répondu à l'émissaire de M. Andrieux, le gouvernement, désireux, lui aussi, de posséder la liste révélatrice, avait offert à Arton une rémunération avec une promesse d'indulgence dans l'affaire de la dynamite pour laquelle il s'était enfui de Paris. Mais Arton avait de la méfiance et persistait à garder devers lui liste et documents comme sa plus précieuse sauvegarde.

M. Andrieux raconta encore sur Jacques de Reinach

un fait qui plaçait le défunt financier sous un jour peu flatteur. Il tenait ce fait de M. Henri Cottu, maintenant à Mazas. Jacques de Reinach était venu demander à M. Cottu 750,000 fr. « pour les besoins de la politique de M. Floquet » ; après quelques informations qui pourtant ne lui apprirent pas grand'chose, M. Cottu avait donné la somme. Plus tard, il se dit escroqué et exigea un chèque de Jacques de Reinach pour le remboursement de cet argent.

M. Andrieux fut entendu ensuite par le juge d'instruction, M. Franqueville.

Dans le cours de sa déposition devant la commission d'enquête, M. Andrieux ayant cité parmi les bénéficiaires de l'argent du Panama, le nom de M. Henry Maret, celui-ci vint protester devant la commission : jamais il n'avait connu Jacques de Reinach ; jamais il n'avait touché un centime de la Compagnie de Panama.

XXI

Les 17,000 bons de publicité.

La commission d'enquête entendit encore M. de Boudard, directeur de la comptabilité à la Compagnie de Panama et chargé spécialement de la publicité.

Cet employé déclara que la Compagnie faisait, dans l'espèce, des paiements sur des bons nominatifs dont le bénéficiaire était indiqué au talon, et sur des bons au porteur dont le bénéficiaire était inconnu. Il y en avait 17,000 de ces bons au porteur, représentant une somme d'environ 20,000,000 de francs payée, pour frais de publicité, dans les diverses émissions. Ces bons furent transmis à la commission d'enquête qui les dépouilla et constata qu'il en manquait 829 (entre le 5,500 et le 6,329 du bordereau). Le juge d'instruction les réclama ensuite à son tour.

Parmi les bons nominatifs on en retrouva pour deux millions et demi au bénéfice de Jacques de Reinach.

XXII

La « Gazette de Moscou ».

Le 29 décembre, la commission d'enquête entendit M. Tcherbanne, correspondant à Paris de la *Gazette de Moscou*.

On se rappellera que, lors de son interpellation à la Chambre, M. Delahaye avait désigné, sans le nommer alors, un journal russe ayant reçu 500,000 francs du gouvernement français pour ne point changer sa politique, favorable à la France, en politique hostile. Cet argent, le gouvernement l'aurait demandé à la Compagnie de Panama qui l'aurait versé. Plus tard M. Delahaye avait nommé la *Gazette de Moscou*.

M. Tcherbanne déclara qu'il était inexact que son journal eût touché cette somme comme l'avait dit M. Delahaye. « Si quelqu'un a pu toucher quelque chose au nom de mon journal, il faut qu'il soit mis au pilori », ajouta le correspondant. En attendant, il s'en référa à l'enquête. Mais quant à lui, il ne soupçonnait personne.

Après avoir entendu encore M. Castelbon au sujet du chèque attribué à M. Devès (1), la commission d'enquête interrompit ses travaux le 29 décembre pour les reprendre le 5 janvier suivant.

XXIII

Le cas de M. Baïhaut (2).

Entre temps, M. le juge d'instruction Franqueville poursuivit son travail sans interruption, appelant et rappelant devant lui successivement les détenus à Mazas, les députés et sénateurs frappés de poursuites et toute personne qu'il jugeait utile d'entendre.

Le 4 janvier, il fit procéder à une nouvelle arrestation, celle de M. Léopold Blondin, fondé de pouvoirs au Crédit Lyonnais et chef du service des comptes spéciaux de cet établissement. Cette arrestation eut lieu après une confrontation de M. Blondin avec MM. Charles de Lesseps, Cottu et Fontane dans le cabinet du juge d'instruction. M. Blondin avait joué un rôle important lors d'une combinaison financière intervenue entre les administrateurs du Panama et M. Baïhaut, ministre des travaux publics en 1886, à l'époque où fut présenté le premier projet d'émission d'obligations à lots.

(1) Voyez Devès, aux *Impliqués*.
(2) Voyez Baïhaut, aux *Impliqués*.

On a vu plus haut que dans le courant de l'année 1886, M. Rousseau, ingénieur en chef des ponts et chaussées, avait été envoyé en 1886 à Panama pour inspecter l'état des travaux, examiner leur possibilité de continuation et dresser sur le tout un rapport officiel destiné à éclairer le gouvernement saisi alors de cette demande d'émission d'obligations à lots. Ce rapport ne fut point rendu public à cause, prétendait-on, de ses conclusions défavorables. Mais l'instruction découvrit que M. Blondin avait été, à cette époque, l'intermédiaire de la Compagnie auprès de M. Baïhaut, ministre des travaux publics, aux fins d'empêcher la mise en lumière du travail de M. Rousseau. Dans la comptabilité de la Compagnie, on trouva une somme de 500,000 francs dont personne ne savait ou ne voulait savoir qui en avait été le vrai bénéficiaire. On en conclut que M. Baïhaut pouvait bien être celui qui avait touché et le juge d'instruction interrogea M. Blondin au nom duquel cette somme avait été portée. Mais M. Blondin ne voulut rien révéler.

En présence de cette situation, l'instruction comprit M. Baïhaut parmi les inculpés, et le 9 janvier, M. le juge Franqueville fit arrêter l'ancien ministre qui fut incarcéré à Mazas.

La mise en cause de M. Baïhaut fit mêler le nom du Président de la République à cette affaire du Panama. M. Sadi Carnot étant, comme ministre des finances, le collègue de M. Baïhaut dans le cabinet qui gouvernait en 1886, avait contresigné le projet de loi (obligations à lots) que celui-ci s'était décidé à déposer après avoir « traité » avec la Compagnie.

En 1886, une commission parlementaire fut chargée

d'examiner le dépôt du projet de loi-Baïhaut. M. Sadi Carnot, ministre des finances, déclara devant cette commission qu'il ne soutiendrait pas le projet, à quoi M. Baïhaut répondit qu'il ne comprenait pas qu'on ne soutînt point un projet que l'on avait signé. Mais l'apposition de la signature d'un ministre des finances sur une proposition émanant des travaux publics, ne devant être considérée que comme un avis favorable donné au point de vue spécial des intérêts financiers de l'Etat, M. Sadi Carnot motiva son refus de défendre le projet à la Chambre en expliquant que ce serait donner à l'affaire une garantie que, pour son compte personnel, il ne devait pas lui donner. M. Sadi Carnot n'entendait assumer aucune des responsabilités techniques.

Le nom de M. Carnot apparaissant ainsi dans le débat, les groupes républicains du Sénat y virent une campagne de presse poursuivie par certains journaux contre la personne du Président de la République et déclarèrent la situation assez sérieuse pour nécessiter l'union et le groupement de tous les républicains du Sénat et de la Chambre autour du chef de l'Etat.

Mais d'autres événements attirèrent l'attention ailleurs.

XXIV

La campagne de pétitionnement.

La commission d'enquête parlementaire reprit ses travaux le 5 janvier.

Un de ses membres, M. Jolibois, ayant demandé que l'œuvre de la commission ne se bornât pas à la recherche des faits intéressant les membres du Parlement, mais qu'elle s'étendît à l'examen des rapports de la Compagnie de Panama avec les entrepreneurs, les syndicats d'émission et les établissements de crédit, ses collègues crurent devoir réserver leur opinion jusqu'à ce que les débats judiciaires qui allaient s'ouvrir, les eussent éclairés sur la décision à prendre.

L'enquête parlementaire porta ensuite sur le pétitionnement organisé depuis 1886 dans toute la France en vue d'amener les électeurs à agir sur les députés pour leur faire donner leur concours à la Compagnie. Comme sur les livres de celle-ci figuraient des sommes importantes avec la mention : « Frais de pétitionnement, Tournées en province, » la commission d'enquête parlementaire nomma une délégation de trois membres avec mission de rechercher quels étaient les véritables inspirateurs de ce pétitionnement. On apprit ainsi qu'un banquier de Noyon, M. Ferdinand Martin (le même qui allait plus tard publier des articles contre la Compagnie, — voyez page 37), avait commencé, dès 1885, par faire pétitionner ses amis. La Compagnie s'était alors attaché ce banquier et l'avait chargé de préparer le pétitionnement de 1886. Quelques mois après, un rapport sur ces pétitions fut fait à la Chambre par M. Richard, député de la Drôme, qui se montra favorable à l'entreprise. En même temps la Compagnie lançait une émission de 600 millions. En 1888, le pétitionnement reprit de nouveau et ce fut M. Ferdinand de Lesseps qui en rédigea la formule et se chargea du soin de remettre à chaque député les pétitions provenant de sa circonscription. On en recueillit ainsi 158.287. Mais un des enquêteurs, M. de Villebois-Mareuil, déclara qu'un ancien député de l'Yonne, M. Javal, avait constaté que les pétitions étaient revêtues d'un grand nombre de signatures de personnes n'ayant jamais existé.

XXV

Une révolution de palais.

Le jour même de la rentrée des Chambres, le 10 janvier 1893 (qui était aussi le jour où commença devant la Cour d'appel le premier procès de Panama), on apprit inopinément que M. Ribot, président du conseil, venait de provoquer une révolution de palais :

Le ministre de la guerre, M. de Freycinet; le ministre de la marine, M. Burdeau, et le ministre de l'intérieur, M. Loubet, furent respectivement remplacés : le premier par le général Loizillon, commandant du 1er corps d'armée; le deuxième par le vice-amiral Rieunier, et le troisième par M. Ribot lui-même qui céda le portefeuille des affaires étrangères à M. Develle auquel succéda, à l'agriculture, M. Viger, député du Loiret. Les autres membres du cabinet, MM. Léon Bourgeois (justice), Tirard (finances), Charles Dupuy (instruction publique, cultes et beaux-arts), Viette (travaux publics), Siegfried (commerce et industrie) conservèrent leurs postes respectifs.

L'élimination de M. de Freycinet (1) fut suivie de la chute de M. Floquet (2). Celui-ci ayant demandé à la Chambre la continuation de ses fonctions de président, n'obtint pas le *quorum* pour la validité du vote. Il retira alors sa candidature et M. Jean Casimir-Périer fut élu à sa place par 234 voix contre 76 données à M. de Mahy.

Le surlendemain, le cabinet-Ribot, interpellé par M. Hubbard sur la politique qu'il comptait suivre en cette Affaire du Panama, le chef du gouvernement répondit que cette affaire était une œuvre de justice pour laquelle il fallait laisser à la justice toute son indépendance, tous ses moyens d'action et sans que celle-ci s'arrêtât devant une considération de personnes.

C'est en ces circonstances que s'engagea le premier procès devant la Cour d'appel.

XXVI

Le procès devant la Cour d'appel.

Le 10 janvier 1893, Charles-Aimé-Marie DE LESSEPS, sous-directeur de la Compagnie de Panama ; Marius-Etienne FONTANE et Henri-Louis-Félix COTTU, administrateurs prévenus d'*escroquerie* pour avoir fait appel à l'épargne publique en vue d'une entreprise qu'ils savaient, sinon chimérique, du moins impraticable

---

(1) Voyez M. DE FREYCINET, à l'*Appendice*.
(2) Voyez M. CHARLES FLOQUET, à l'*Appendice*.

avec les capitaux qu'ils demandaient, et d'*abus de confiance* pour avoir gaspillé une partie considérable des millions qu'on leur avait donnés dans des dépenses étrangères à la construction du canal de Panama, — et Alexandre-Gustave Eiffel, entrepreneur, prévenu de *recel* et de *détournement* dans ladite entreprise, comparurent devant la première chambre correctionnelle de la Cour d'appel présidée par M. Périvier, premier président, avec M. l'avocat général Rau au siège du ministère public.

Ferdinand-Marie de Lesseps, également prévenu, ne répondit pas à l'appel de son nom, son affaiblissement sénile ne lui ayant point permis de venir de La Chesnaye à Paris. Défaut lui fut donné.

(Nous avons déjà fait observer, par une note au chapitre VIII, que la Cour d'appel n'avait à se prononcer que sur les agissements de la Compagnie pendant ses émissions de juin et de décembre 1888, sa gestion précédente, bien que considérée comme délictueuse, étant couverte par la prescription. Cependant, il est permis de faire observer que si l'instruction avait été plus diligente, cette gestion antérieure en 1888 n'eût pas non plus échappé à la justice).

M. Charles de Lesseps fut interrogé le premier. Il commença par déclarer qu'il avait supplié son père de ne point entreprendre, à son grand âge, une œuvre aussi gigantesque que le percement de l'isthme de Panama, mais Ferdinand de Lesseps n'avait rien voulu écouter. Alors la Compagnie fut constituée et, dès le début, s'en remit aux banquiers pour faire réussir ses émissions coûte que coûte. Toutes ces opérations furent onéreuses, Ferdinand de Lesseps a perdu lui-même 310,000 francs de sa fortune personnelle. Et puis aussi, la Compagnie ne cessa de tâtonner dans ses travaux. Ainsi, peu de temps avant l'essai du canal à écluses, la commission consultative avait conclu énergiquement qu'il ne fallait à aucun prix abandonner le canal à niveau. Cependant, la Compagnie marcha quand même et procéda par grandes entreprises confiées à des maisons de premier ordre auxquelles elle accorda le double des prix concédés auparavant aux petits entrepreneurs parce que, en l'occurrence, les frais généraux étaient plus grands. Et après avoir fini par reconnaître que les frais de construction d'un canal à niveau étaient décidément trop élevés, elle s'était décidée pour un canal à écluses.

Nous voici à l'émission de juin 1888 (obligations à lots) sur laquelle porte le procès. M. Charles de Lesseps déclara que la Compagnie avait été forcée de rémunérer certains concours, notamment les syndicats de banque qui n'étaient là que pour la question de garantie, sans laquelle une souscription ne marcherait pas. Il y a eu aussi la part des commissions ordinaires prélevées par des maisons de banque qui placent des titres dans leur clientèle. Et les commissions extraordinaires, telles que celles accordées à la Société Générale et au Crédit Lyonnais qui ont touché chacun deux millions parce que ces établissements ont aidé la Compagnie en lui prêtant plus de trente millions pendant la période critique qu'elle traversait au moment où la loi sur les obligations à lots était en suspens. Il y a eu aussi un M. Hugo Oberndœrffer auquel la Compagnie paya deux millions l'idée de créer un capital de garantie pour le remboursement des obligations à lots. Il y a eu encore le baron de Reinach, très âpre au gain, mais financier de marque et qui avait déjà rendu de grands services à la Compagnie. Son concours d'ailleurs fut persévérant, convaincu ; il voulait que le canal se fît et, depuis la mort de Lévy-Crémieux, c'était lui qui représentait la Compagnie auprès des tiers. C'était lui qui comptait, traitait avec tous les gens qui prétendaient, à un titre quelconque, avoir été utiles à l'entreprise. Et c'était pour tout cela que la Compagnie remettait à forfait au baron de Reinach des fonds dont il avait le libre emploi, sans devoir en rendre compte. Il pouvait rémunérer à sa guise tout individu qu'il jugeait utile et ce qu'il gagnait là-dessus ne regardait pas la Compagnie. C'est ainsi que M. Charles de Lesseps était arrivé à verser près de dix millions au baron de Reinach. Si cet argent n'avait pas reçu de destination légitime, M. Charles de Lesseps ne s'en était guère inquiété : « Ce genre de dépense est dans les traditions de la finance ! » dit-il en haussant les épaules.

Quant aux frais de *publicité*, qui pour cette émission de 1888 ont été de sept millions de francs, M. Charles de Lesseps apprit à la Cour que la Compagnie avait créé, sur l'idée de M. Fontane, des bons au porteur sans indication des parties prenantes, donc uniquement destinés à rétribuer des « concours innomés ». Cet argent formait une caisse de fonds secrets et c'est sur ces mêmes fonds que, déjà en 1886, la Compagnie paya à M. Cornélius Herz une somme de 600,000 francs parce que celui-ci passait pour une puissance et qu'il ne fallait pas s'en faire un ennemi. Il en alla de même pour M. Baïhaut, ministre des travaux publics en 1886. Au moment où M. Charles de Lesseps était en instance pour obtenir l'autorisation d'émettre des obligations à lots, M. Baïhaut lui fit demander de mettre à sa disposition *un million*, payable par versements échelonnés entre le jour du dépôt et le vote du projet de loi. Mais la tentative alors n'ayant pas abouti au vote, M. Baïhaut n'avait touché, par un intermédiaire, qu'un premier acompte de 375,000 francs. D'autres paiements du même genre furent faits à de nombreux individus « auxquels, ajouta M. de Lesseps sans les nommer, j'ai donné le couteau sur la gorge, comme on donne sa montre au coin d'un bois. »

Ensuite la cour entendit *M. Marius Fontane* qui déclara avoir été chargé du service de la publicité jusqu'en 1886, époque où M. Charles de Lesseps le remplaça. Il reconnut avoir écrit que le canal serait inauguré en 1889, mais ç'avait été de bonne foi et sous la dictée de Ferdinand de Lesseps. D'ailleurs, après la réussite de Suez, M. Fontane n'admettait pas l'échec de Panama ; malheureusement la Compagnie a été la proie des spéculateurs. Sans les financiers, l'affaire était aussi belle que simple. La Compagnie a fait ce qu'elle a pu, elle a eu recours à la presse et, naturellement, celle-ci s'est fait payer. Sur ce terrain, M. Fontane reconnut que la plupart des articles défendant la Compagnie contre des attaques intéressées, étaient en partie rédigés par l'administration elle-même.

On vient de voir que l'idée de créer des bons anonymes pour frais de publicité vint de M. Fontane. Il expliqua comment la presse agit en général en matière de grosse publicité financière : elle trouve moyen de faire surgir toute une filière d'intéressés pour toucher une part du gâteau qui, par cela, devient fort onéreux à la société payante. C'était pour supprimer ces coûteux intermédiaires que M. Fontane inventa un système de bons au porteur pour être remis directement à celui qui était le véritable maître, le seul dispensateur de la publicité du journal sollicité. Lui, pourtant, n'en avait distribué que pour 60,000 francs ; c'est sous la direction de M. Charles de Lesseps que les grosses sommes étaient venues accroître les dépenses des fonds de publicité.

L'audition de *M. Henri Cottu* n'apporta pas grand'chose au débat. Il ne s'était occupé, lui, que du personnel et des règlements de compte de la Compagnie. Il avait voulu réduire ce personnel qui lui paraissait par trop nombreux, donc trop onéreux, mais M. de Lesseps s'y était toujours opposé. Quant aux règlements de compte, il ne signait les pièces qu'en l'absence de MM. de Lesseps et par procuration seulement. Le président Périvier ayant dit au prévenu qu'il s'était occupé, en 1888, de l'organisation du pétitionnement pour l'achèvement du canal, et qu'il avait fait appel au public pour une grande émission, M. Cottu répondit qu'il sentait la liquidation prochaine et qu'il avait cru utile de faire procéder à cette liquidation par les actionnaires eux-mêmes. Ce fut donc dans ce but qu'il avait essayé de leur faire constituer une petite société d'exploitation qui permît de mener à bien les travaux.

Puis ce fut le tour de *M. Eiffel.* Il commença par déclarer qu'en 1887 le baron de Reinach vint lui proposer d'entreprendre à lui seul les travaux du canal à écluses. Ce banquier offrit de garantir le crédit de la Compagnie vis-à-vis de M. Eiffel, pour le cas où celui-ci se trouverait en avance avec elle. M. Eiffel accepta la

4

construction à forfait et reçut, comme entrée de jeu, et à titre d'avance, une somme de 22,200,000 francs pour les travaux de dérivation, la pose des voies de déblaiement, les frais de première installation et pour les travaux d'art, ceux-ci à raison de trois millions pour chacune des quatre premières écluses.

Il fut stipulé que la Compagnie lui fournirait le matériel existant déjà dans l'isthme, et cela avant le 1er janvier 1888 et qu'à défaut d'exécution de cette stipulation, la fourniture du matériel nécessaire appartiendrait à l'entrepreneur. La Compagnie s'étant trouvée dans l'impossibilité de s'exécuter, M. Eiffel avait considéré comme acquise pour lui une somme de 12 millions sur les fonds versés. Il avait donc commandé du matériel pour son compte et cela sans avoir à justifier ses déboursés de ce chef, attendu que les millions de la Compagnie étaient des millions à forfait. De plus il avait considéré de même une somme de 6 millions pour le démontage, le transport et le remontage du matériel mécanique. D'ailleurs, en fin de compte, il avait transigé avec le liquidateur de la Compagnie, M. Brunet, qui lui avait donné *quitus*, et cette transaction avait été homologuée par le tribunal de commerce.

A cette dernière déclaration, le président Périvier fit observer « qu'il resterait à savoir si les conventions entre particuliers pouvaient éteindre l'action du ministère public, et si cette convention avec M. Brunet n'était pas annulable pour cause d'erreur. »

Après l'interrogatoire des prévenus, la Cour entendit successivement :

M. l'expert FLORY, qui fit rapidement l'historique des faits que nous développons ici et constata en terminant que, dans la répartition des sommes aux entrepreneurs, M. Eiffel avait eu la part la plus importante : 73 millions sur lesquels, défalcation faite de ses débours à des participants, cet entrepreneur avait pu réaliser un bénéfice personnel de 20,600,000 francs ;

M. ROSSIGNOL, expert également, qui fut d'abord chargé par feu M. Brunet de demander des comptes aux administrateurs, remplit une seconde mission pour M. le conseiller Prinet et devint après cela l'expert de M. Eiffel qui l'avait prié d'examiner sa comptabilité... Le témoin ne déposa pas avec toute la clarté désirable et la Cour ne put rien conclure de ses déclarations ;

M. MONCHICOURT, liquidateur de la Compagnie, qui affirma que les administrateurs n'avaient jamais entretenu le public que d'espérances chimériques et irréalisables. Quand il prit la charge de liquidateur, il trouva le capital, — déjà entamé par les syndicats, les commissions, — absorbé finalement par les exigences des entrepreneurs qui, à la veille de chaque émission, mettaient le couteau sur la gorge de la Compagnie. L'argent s'en allait à mesure. M. Monchicourt avait bien songé à une reconstitution, mais il avait échoué; alors il s'était inquiété de faire rentrer l'argent dû à la Compagnie et s'était occupé d'introduire une action en responsabilité contre les administrateurs. Il développa à son tour les causes multiples de la ruine de l'entreprise et déposa notamment que Lévy-Crémieux et le baron de Reinach en avaient été la plaie ;

M. ROUSSEAU, l'inspecteur général des ponts et chaussées qui, en 1886, fut chargé par le gouvernement d'aller examiner dans l'isthme l'état des travaux au point de vue technique seulement. Il constata que si les ingénieurs se heurtaient à des difficultés insurmontables, l'entreprise n'était pas absolument irréalisable. Le canal à niveau, par exemple, rencontrait des obstacles énormes et un canal à écluses semblait seul possible. Cependant, en 1886, rien n'était encore perdu, si l'administration de la Compagnie avait pu amener Ferdinand de Lesseps à abandonner la direction technique ; malheureusement celui-ci ne voulut point entendre parler d'un canal à écluses et, pendant deux ans encore, on continua à engouffrer les capitaux dans le canal à niveau. Or, le jour où Ferdinand de Lesseps s'est résigné à l'accepter, il était trop tard, la Compagnie n'avait plus de ressources pour l'exécuter ;

M. l'ingénieur Dingler, qui a rédigé le traité-Eiffel avec la Compagnie. « Il est incontestable, déposa ce témoin, que M. Eiffel, ayant reçu de la Compagnie 12 millions pour acheter du matériel, avait l'obligation de le fournir, d'après un état détaillé, article par article, qui lui avait été remis. Il pouvait réaliser des économies sur le prix d'achat, c'était tout, mais il devait se procurer un matériel équivalent à celui qui lui était indiqué. De même il n'avait pas le droit de garder, sans les utiliser, les 6 millions supplémentaires qu'il avait reçus pour le transport et le démontage ; or il n'a rien transporté ni démonté. »

Vinrent ensuite les témoins : MM. les ingénieurs Guillemin, Germain, Hutin, Druez ; l'entrepreneur Jacquemin ; Adolphe Gilly, actionnaire de Panama ; de Fresseix, inspecteur de la Compagnie dans l'isthme ; Retaud, actionnaire ; Gonnet, ancien comptable de la Compagnie ; Odelin, négociant, dont les dépositions n'apportèrent rien de particulièrement intéressant.

Celle de M. Landrodie, publiciste, fut à noter. Ce témoin ayant été dans l'isthme, en 1889, avait signalé à son retour les dépenses excessives de la construction et, d'après lui, la principale cause du désastre, fut l'âpreté des entrepreneurs auxquels la Compagnie a dû payer des indemnités énormes. Ceux-ci, d'ailleurs, avaient raconté au témoin que la Compagnie, loin de les surveiller de près, les engageait à majorer le chiffre de leurs situations mensuelles pour montrer que les travaux étaient conduits rapidement...

Les dépositions de MM. Paul Daubrée, ancien secrétaire général de la Compagnie en 1881, Hyéronimus, chef de la comptabilité de Panama, et Reynier, ancien caissier de la Compagnie, passèrent inaperçues.

M. de Boudard, directeur de la comptabilité à la Compagnie, répéta devant la Cour les déclarations déjà faites par lui à la commission d'enquête parlementaire concernant les bons de publicité. Nous les avons résumées au chapitre XXI, page 49.

M. Hugo Oberndœrffer, banquier israélite allemand à Paris, déclara avoir touché sur l'émission de 1888 une participation de plus de 1,850,000 francs de bénéfice pour un risque de 730,000. De plus, la Compagnie lui a acheté 2,000,000 francs l'idée de constituer sur l'emprunt un fonds de garantie. Plus encore, 30,000 francs portés à son nom au compte de la Presse, soit ensemble près de 4 millions. M. Charles de Lesseps affirma l'exactitude de cette déposition en disant qu'il avait dû considérer en M. Oberndœrffer l'homme de Bourse très influent qui, s'il ne gagnait pas d'argent avec la Compagnie, en gagnerait contre elle (1).

Rien de saillant dans les témoignages de MM. les ingénieurs Saleta et Noilhac-Pioch.

M. Etienne Martin, secrétaire général de la Compagnie de 1881 à 1884, déclara que l'administration, ayant traité avec un petit entrepreneur pour le percement de la Culebra, à raison de 4 ou 5 francs par mètre cube extrait, avait rompu ce traité pour le repasser à un ingénieur, M. Buneau-Varilla, avec une majoration de 1 fr. 40 par mètre cube, soit, sur 20 millions de mètres à extraire, un bénéfice de 28 millions de francs. Ne voulant pas s'associer à cet acte d'administration, M. Etienne Martin donna sa démission. M. Charles de Lesseps expliqua à la Cour que le petit entrepreneur dépossédé n'était pas en mesure de percer le col de la Culebra et que M. Buneau-Varilla avait à lui payer une indemnité pour prendre sa place. Il ajouta que le baron de Reinach avait des intérêts dans la société formée par cet ingénieur.

La Cour entendit encore plusieurs porteurs de titres de la Compagnie : MM. Joly, cultivateur à Montereau (Aisne); Samson, employé à la Ferté-sous-Jouarre ; Giroud de Villette ; Paulliat, serrurier à Versailles, qui, c'était bien natu-

---

(1) Ce financier faisait partie du Cercle des Chemins de fer. Il fut prié de n'y plus paraître.

4.

rel, se répandirent en doléances d'avoir perdu leur argent et n'épargnèrent pas leurs reproches irrités contre les accusés. Ce que ces quelques témoins vinrent dire tout haut devant la Cour d'appel, des milliers d'autres victimes de Panama le pensaient certainement tout bas.

Un autre témoin, M. REGIMBART, qui fut employé dans l'isthme, déclara avoir vu le matériel perdu, livré au pillage et, partout, des étrangers qui volaient.

Après quoi, deux témoins a décharge, M. GUICHARD, vice-président de la Compagnie de Suez, et M. PINSON, ancien secrétaire général de la Société des Dépôts et Comptes courants, dont M. Charles de Lesseps était administrateur, déposèrent en faveur de ce dernier, mais de façon nulle au point de vue de la gestion du Panama.

L'audition des témoins terminée, M. l'avocat général Rau prononça un réquisitoire qui prit deux audiences. Après avoir groupé, avec une logique implacable, tous les chefs d'accusation démontrant le double délit d'escroquerie et d'abus de confiance, le magistrat demanda contre les prévenus l'application la plus sévère de la loi répressive.

Ensuite commencèrent les plaidoiries : celle de Me Barboux, defenseur de M. Charles de Lesseps, qui dura pendant quatre audiences ; celles de Me du Buit, pour M. Marius Fontane et de Me Martini, pour M. Henri Cottu, une audience chacune, et celle de Me Waldeck-Rousseau, pour M. Eiffel, qui occupa deux audiences. Elles furent absolument remarquables.

En tout, les débats, commencés le 10 janvier, se terminèrent le 3 février et avaient nécessité treize audiences.

Enfin, le 9 février 1893, la Cour d'appel motiva son

arrêt (1) qui déclara MM. Ferdinand de Lesseps, Charles de Lesseps, Marius Fontane, Henri Cottu, coupables d'escroquerie et d'abus de confiance, Gustave Eiffel d'abus de confiance seulement, et les condamna :

Ferdinand de Lesseps (par défaut) à CINQ ANS DE PRISON et 3,000 francs d'amende ;
Charles de Lesseps à CINQ ANS DE PRISON et 3,000 francs d'amende ;
Marius Fontane à DEUX ANS DE PRISON et 3,000 fr. d'amende ;
Henri Cottu à DEUX ANS DE PRISON et 3,000 francs d'amende ;
Gustave Eiffel à DEUX ANS DE PRISON et 20,000 fr. d'amende.

C'était, pour les deux délits, le maximum de la peine.

Les condamnés se pourvurent aussitôt en cassation.

La sentence ne fut pas signifiée à M. Ferdinand de Lesseps. D'ailleurs, aucun jugement par défaut ne peut être suivi d'effet tant que le condamné n'a pas été mis à même d'y former opposition. Mais, au-dessus de cet argument juridique, il y avait une question d'humanité. Depuis un an, les facultés de M. de Lesseps avaient faibli au point de lui faire perdre la notion du temps et des choses. Il ne vivait plus que machinalement. Cependant, pour avoir sombré à Panama, ce vieillard de quatre-vingt-huit ans, n'en était pas moins l'homme qui avait réalisé

(1) Voir à l'*Appendice* les principaux considérants de cet arrêt.

l'œuvre de Suez, et cela valait bien qu'on le laissât s'éteindre en paix.

Après l'arrêt de la Cour d'appel, son fils Charles fut autorisé à se rendre à La Chesnaye pour voir son père qui, dans ses rares moments de réveil intellectuel, le demandait avec une inquiète impatience. Cette entrevue pénible eut lieu le 13 février, en présence de deux agents de la Sûreté. Le fils laissa le père dans l'ignorance de ce qui venait de se passer.

Le lendemain M. Ch. de Lesseps fut ramené à Paris.

XXVII

Expulsions de correspondants étrangers.

Pendant que se déroulait le procès à la Cour d'appel, d'autres faits se produisirent que nous devons mentionner.

Un israélite hongrois, M. Samuel Székely, correspondant à Paris du *Hirlap* de Budapesth, envoya à son journal une dépêche absurde, disant que M. Rouvier avait déclaré au juge d'instruction que le baron de Mohrenheim, ambassadeur de Russie à Paris, aurait reçu de la Compagnie de Panama, un chèque de 500,000 francs. La dépêche fit le tour de la presse européenne, surtout celle qui cherchait à brouiller les cartes entre la Russie et la France.

Le 17 janvier, le gouvernement français fit expulser M. Székely qui retourna à Budapesth où il déclara dans le *Hirlap* que sa fameuse dépêche lui avait été fournie par un M. Gromer, administrateur d'une agence d'informations, l'*Agence Libre*, à Paris. M. Gromer opposa un démenti à cette allégation et l'affaire en resta là, quant à l'origine de la calomnieuse nouvelle.

D'autres correspondants étrangers, qui avaient, de Paris, renvoyé cette dépêche à leurs journaux respectifs : MM. Wedel, sujet allemand, et Richard Alt, correspondant du *Courrier de Naples*, furent expulsés également.

Le gouvernement français s'émut de ces diffamations lancées de Paris par des journalistes étrangers.

Le jour même de leur expulsion, il fit déposer au Sénat, un projet de loi ayant pour objet d'attribuer aux tribunaux correctionnels le jugement des délits d'outrages dirigés contre les chefs d'Etat et les représentants des nations étrangères. On sait que jusqu'alors c'était le jury d'assises qui prononçait en la matière. Le Sénat vota cette loi d'urgence. Quant à la Chambre, celle-ci se montra moins pressée ; elle chargea une commission de faire un rapport sur la question et, à l'heure où paraît notre brochure, ce rapport est toujours en expectative.

XXVIII

Les non-lieu.

M. le juge Franqueville termina le 28 janvier son instruction pour le procès en corruption et rendit une ordonnance de non-lieu en faveur de MM. Thévenet, Jules Roche et Emmanuel Arène (1).

Cette décision étonna quelque peu, non au point de vue des inculpés mis hors de cause, mais en présence du procédé du gouvernement qui avait agi avec tant de précipitation dans la poursuite. On estima que si l'instruction n'avait rien trouvé de répréhensible dans les cas de ces messieurs, il eût été plus raisonnable de réfléchir avant de les mener devant le juge.

Mais, à quelques jours d'intervalle, l'étonnement se changea en stupéfaction. Après avoir examiné le dossier de l'instruction, la chambre des mises en accusation renvoya devant la Cour d'assises : *Charles de Lesseps, Marius Fontane, Baïhaut, Blondin, Béral, Sans-Leroy, Gobron, Dugué de la Fauconnerie, Antonin Proust* et *Arton* (en fuite), et mit à son tour hors de cause :

MM. Rouvier, Albert Grévy, Léon Renault, Paul Devès et Henri Cottu (1).

L'impression fut vive. On estima que le gouvernement avait pris peur devant les conséquences que pouvait entraîner la comparution en Cour d'assises de ces personnalités politiques, surtout celle de M. Rouvier qui apparut comme menaçante. Bref, on était généralement d'avis que le gouvernement voulait enrayer les poursuites après les avoir imprudemment suscitées et que, craignant les plus forts, les plus influents des compromis, il évitait ceux-ci pour ne garder que les moins dangereux, les moins armés, — bien que les cas des uns et des autres fussent, à tout prendre, identiques.

(1) Voyez aux *Impliqués* pour les détails relatifs à chaque personne mise hors de cause.

Et quant aux bénéficiaires de ces arrêts de non-lieu, l'opinion commune fut que leur situation n'en profiterait guère. Un débat au grand jour devant la Cour d'assises qui aurait prouvé leur parfaite innocence, eût valu pour eux infiniment mieux que cet arrêt de chambre à huis-clos qu'à tort ou à raison on attribuait à une justice qui, en la circonstance, n'avait peut-être pas pu se prononcer avec toute l'indépendance désirable.

L'effet, d'ailleurs, eut son écho dans le Parlement même. Le 8 février, à la Chambre des députés, M. Goussot interpella le gouvernement dans le but de savoir si, après épuisement des juridictions ordinaires, aucun jugement n'ayant été rendu, il ne restait pas à donner une sanction politique aux mesures dont le garde des sceaux avait pris l'initiative à l'égard des sénateurs et députés auxquels on avait enlevé l'immunité parlementaire. L'interpellateur visait spécialement le cas de M. Rouvier, en sa qualité d'ancien ministre.

Le débat allait se perdre dans des arguties, quand M. Godefroy Cavaignac prit la parole et prononça un discours qui produisit une sensation profonde. En quelques paroles concises, il rappela cette affaire du Panama et son cortège de corrupteurs et de corrompus, ainsi que les pratiques de gouvernement préconisées à la tribune par MM. Floquet et Rouvier. Il insista principalement sur ce fait que 104 députés, non connus encore et étant soupçonnés de s'être vendus à la Compagnie, il fallait, coûte que coûte, les découvrir et liquider cette situation. En conséquence, M. Cavaignac déposa un ordre du jour en ces termes :

La Chambre, décidée à soutenir le gouvernement dans la répression de tous les faits de corruption, et résolue à empêcher le retour de pratiques gouvernementales qu'elle réprouve, passe à l'ordre du jour.

Le cabinet-Ribot accepta cette rédaction qui fût votée à l'unanimité des 522 membres présents. Puis, sur la proposition de M. Déroulède, la Chambre décida, par 325 voix contre 47, l'affichage du discours de M. Cavaignac.

Ensuite encore, M. Pierre Richard ayant proposé une loi tendant à ouvrir un crédit au ministère de l'intérieur pour restituer à la Compagnie de Panama les 50,000 francs empruntés en 1887 par M. Rouvier au banquier Vlasto, la Chambre en vota la discussion d'urgence et nomma aussitôt une commission chargée de faire un rapport sur la question.

MM. Charles de Lesseps, Fontane, Sans-Leroy et Baïhaut se pourvurent contre leur renvoi. Les deux premiers soutenaient que l'arrêt de renvoi avait mal qualifié les faits en ce qui les concernait vis-à-vis de M. Baïhaut. Celui-ci n'avait pas été corrompu par eux : il s'était, au contraire, rendu coupable de crime de concussion et d'extorsion de fonds et ils se considéraient eux, de Lesseps et Fontane, non comme ses complices, mais comme ses victimes. La Cour de cassation n'admit pas ce raisonnement. Elle rejeta le pourvoi en déclarant qu'un pacte avait été formé entre eux avec Baïhaut et que celui-ci n'était donc pas un concussionnaire, mais un corrompu dont ils étaient, eux, les corrupteurs.

La Cour de cassation rejeta également les pourvois

de MM. Sans-Leroy et Baïhaut. Nous reproduisons plus loin, aux *Impliqués*, les motifs du rejet.

XXIX

Les obligataires et la liquidation.

Pendant que la Compagnie était sur la sellette au Parlement et au Palais de Justice, son liquidateur judiciaire, M. Monchicourt, avait à se défendre contre les assauts d'un grand nombre d'obligataires qui réclamaient leur argent au prorata de l'actif existant. Leurs réclamations s'appuyaient sur un jugement que venait de rendre le tribunal civil de la Seine et qui condamnait le liquidateur à payer à divers d'entre eux : le montant de la somme versée pour la souscription de leurs titres; des dommages-intérêts représentant le montant de la prime d'amortissement acquise; les coupons échus et les intérêts légaux.

Le fait est que la Compagnie de Panama ayant été déclarée société civile, tout obligataire pouvait, en exerçant une action individuelle, obtenir une condamnation où il puiserait le droit de procéder à des voies d'exécution aux fins de se faire attribuer la portion de l'actif qu'il serait parvenu à réaliser, s'il n'en était empêché par les autres obligataires, ses co-créanciers. Mais si, par exemple, ceux-ci contribuaient tous entre eux pour une action en justice, cette procédure deviendrait alors matériellement impossible à cause du classement même des *deux millions* de titres répartis entre les mains de près de 300,000 créanciers.

Dans ces conditions, M. Monchicourt estima que son devoir était de défendre l'actif contre toute poursuite individuelle et de ne pas prêter les mains à ce que cet actif pût être absorbé par certains créanciers au détriment des autres. La solution qui lui parut pratique serait l'établissement d'une loi qui assimilerait la liquidation du Panama à une faillite afin de paralyser les actions individuelles, ce qui permettrait au liquidateur de procéder au mieux des intérêts de tous.

La question fut examinée par le gouvernement qui saisit à cet égard la Chambre d'un projet de loi à effet rétroactif dont le ministre de la justice avait réuni les éléments.

Ce projet avait pour objet de suspendre toutes les actions individuelles contre la masse, pour éviter la dissémination de l'actif et il prescrivait la nomination, par le tribunal, d'un mandataire unique chargé d'exercer, au nom de la collectivité des obligataires, toutes instances qui seraient reconnues nécessaires. Néanmoins, le projet réservait le droit des obligataires qui voudraient, à leurs risques et périls, exercer, en dehors du mandataire, des actions séparées contre certains tiers.

Après discussion, la Chambre décida de ne prendre aucune responsabilité en cette affaire, ni dans un sens ni dans l'autre.

D'autre part, M. Monchicourt fut saisi, le 17 février, d'une demande en paiement de 500,000 francs d'honoraires intentée par M. Lucien Bonaparte-Wyse qui avait été chargé, en 1890, par le liquidateur, d'une mission auprès du gouvernement colombien, mission qu'il avait menée à bonne fin. Cette allocation d'un demi-million avait été stipulée depuis plusieurs années déjà, pour le cas échéant, au profit de M. Bonaparte Wyse qui la considerait dès lors comme due et exigible. Au moment où paraît notre brochure, cette affaire est en instance auprès de la première chambre du tribunal civil de la Seine.

XXX

Le procès devant la Cour d'assises

Les débats du procès en corruption s'ouvrirent, le 8 mars 1893, devant la Cour d'assises de la Seine, sous la présidence de M. Pilet-Desjardins, assisté de trois conseillers : MM. Limperani, Commoy et Adam.

M. l'avocat-général Laffon, délégué par M. le procureur-général Tanon, occupait le siège du ministère public.

Au banc des accusés se trouvaient Charles de Lesseps, Marius Fontane, Baïhaut, Blondin, Sans-Leroy, Dugué de la Fauconnerie, Béral, Antonin Proust et Gobron. — L'acusé Arton, toujours en fuite et toujours insaisissable, brillait par son absence.

Le jury avait à se prononcer sur : 1° le cas de M. Charles de Lesseps, vice-président de la Compagnie de Panama, versant successivement des sommes variées à MM. Cornélius Herz, Jacq. de Reinach, Baïhaut, Floquet, et offrant des valeurs à M. Levasseur (de l'Institut) ; — 2° la part prise par M. Marius Fontane, administrateur de ladite Compagnie, dans l'affaire Baïhaut et dans les agissements du sieur Herz ; — 3° le cas dudit Baïhaut, ancien ministre, recevant par le truchement de M. Blondin une somme de 375,000 francs pour déposer un projet de loi favorable à la Compagnie ; — 4° le cas de M. Sans-Leroy, ancien député, recevant d'un agent de la Compagnie 200,000 francs pour changer son vote ; — et 5° les cas respectifs de MM. Béral, sénateur, Dugué de la Fauconnerie, député, Gobron, ancien député et Antonin Proust, député, ayant touché des chèques de Jacques de Reinach, payant avec l'argent de la Compagnie.

Pour dégager tous ces cas de la complication des audiences et donner ainsi une idée nette de l'ensemble, nous allons grouper sur chacun d'eux les faits et révélations qui les ont caractérisés pendant le cours des débats.

MM. Ch. de Lesseps, Marius Fontane, Jacques de Reinach et Cornelius Herz. — En décembre 1885, M. CH. DE LESSEPS compta à Cornélius Herz une somme de 600,000 francs. Pourquoi? Pour ne pas se mettre mal avec cet individu que les administrateurs de Panama prenaient pour un personnage tout puissant, en relations suivies avec les hommes les plus considérables de la politique et de la finance, principal commanditaire du journal de M. Clémenceau, donnant même la preuve qu'il était au mieux avec M. Jules Grévy, alors Président de la République. M. Ch. de Lesseps déclara qu'ayant à sauvegarder les intérêts du Panama, force lui fut de compter avec toutes sortes d'exigences financières et autres. Voilà comment il versa cette somme à Cornélius Herz.

L'action de Jacques de Reinach dans les affaires de la Compagnie fut, d'après M. Ch. de Lesseps, une conséquence de ces mœurs financières. Jacques de Reinach était à la tête d'une maison de banque et d'un syndicat auquel Panama avait déjà servi pas mal de grosses commissions. Lors de l'émission de 1888, M. Ch. de Lesseps lui offrit de ce chef deux millions, mais il en exigea douze, pour, disait-il, se débarrasser de Cornélius Herz qui exerçait sur lui une pression formidable. Et si la Compagnie ne lui comptait pas ces millions-là, il lui intenterait certain procès qui aurait pour elle des suites regrettables. M. Ch. de Lesseps se rit de la menace et refusa. Mais voici que MM. Clémenceau et Ranc s'en furent trouver M. de Freycinet, alors président du Conseil, pour que celui-ci s'employât auprès de M. Ch. de Lesseps dans le but d'arranger l'affaire et d'éviter ce procès fâcheux. Ce que fit M. de Freycinet. « Pendant ce temps, déclara M. Charles de Lesseps, Cornélius Herz nous adressait dépêche sur dépêche pour nous sommer de « composer » si nous ne voulions pas voir exécuter J. de Reinach. Eh bien, j'ai réfléchi et la suite de ma conversation avec M. de Freycinet a été de verser, cinq jours après, une somme de près de cinq millions audit Reinach. » Mais cela ne suffisant pas à celui-ci, M. Clémenceau à son tour engagea M. de Lesseps à compléter le versement; M. Floquet s'en mêla également, mais M. Charles de Lesseps ne voulut plus rien ajouter aux cinq millions déjà donnés.

M. Marius Fontane, interrogé ensuite sur cette pression formidable dont parlait Jacques de Reinach, répondit qu'il en ignorait la nature. Quant aux dépêches comminatoires de Herz, il n'y avait rien compris et les avait fait classer au contentieux. « Ce que je savais, ajouta M. Fontane, c'est que Cornélius Herz affolait le baron de Reinach. Il a peut-être envoyé cent dépêches pareilles qui ont fini par mettre le gouvernement en émoi, à ce point qu'il s'est trouvé des ministres pour conseiller à M. Ch. de Lesseps de verser au baron de Reinach les 12 millions réclamés par son ennemi. »

Jacques de Reinach déposa une partie de ces millions à la maison Thierrée qui la lui remit en monnaie de chèques. *M. Thierrée* vint confirmer les faits qui s'étaient produits chez lui lors de la découverte de ces chèques et que nous relatons plus loin, à l'*Appendice*. Un autre témoin, M. Paul Stéphane, confirma également le fait d'avoir écrit, sous la dictée de Jacques de Reinach, la liste détaillée de ces chèques (V. p. 47 de l'*Historique*) et de l'avoir portée chez M. Clémenceau (1).

M. Clémenceau, cité pour déposer sur les allégations de M. Ch. de Lesseps, déclara tout d'abord que M. Herz avait été, non commanditaire, mais actionnaire de la *Justice*, puis, plus tard, son banquier, et qu'en effet il avait de nombreuses relations dans tous les mondes. Mais, cela posé, il n'y avait aucun lien entre le fait d'avoir compté 600,000 francs à Herz et le fait qu'il était actionnaire de la *Justice*, car jamais Cornélius Herz n'avait influencé M. Clémenceau dans un sens favorable pour la Compagnie de Panama. — Quant à la visite à M. de Freycinet, M. Clémenceau reconnut le fait exact, seulement cette visite était surtout motivée par des préoccupations politiques. Ensuite, par après, M. Clémenceau n'avait nullement engagé M. de Lesseps à compléter ses versements à de Reinach ; il s'était borné à lui dire : « Faites ce que vous voudrez ! »

M. de Freycinet vint déclarer que ce qu'il avait demandé à M. Ch. de Lesseps ne constituait pas un service, même au point de vue de l'intérêt général. « Il y a eu de ma part, ajouta-t-il, l'exposé à M. Ch. de Lesseps d'une situation dans laquelle je lui ai montré à la fois l'intérêt public qui me déterminait à lui en parler et l'intérêt même de ses actionnaires, qui se trouvait d'accord avec l'intérêt public. Je lui ai dit, non pas : faites un sacrifice pour m'être agréable, mais je lui ai dit : examinez cette situation, rendez-vous en compte et si, véritablement, vous avez la possibilité de prévenir cette extrémité que je crois fâcheuse pour tous les intérêts, je vous engage à le faire. Mais il n'y avait aucune espèce de service demandé par moi. »

M. Ranc qui, à cette époque, n'appartenait pas encore au Parlement, reconnut que MM. de Freycinet, Clémenceau

---

(1) De là cette liste arriva ès-mains de Cornélius Herz.

et lui, étaient d'accord qu'il y avait peut-être intérêt à éviter, si c'était possible, un procès qui aurait du retentissement. — Ici un avocat de la partie civile, Mᵉ Lagasse, demanda « si l'unique but que poursuivaient, dans l'intérêt
« de la République, MM. de Freycinet, Clémenceau, peut-
« être M. Floquet et assurément M. Ranc, n'était pas
« d'éviter justement que des divulgations, qui seraient
« venues par M. de Reinach, ne livrassent aux journaux et
« à la campagne boulangiste les noms de certains députés
« qui passaient pour avoir reçu de l'argent du Panama? »
C'était le point vif du débat. M. Ranc répondit simplement qu'il n'en savait rien. « Dans ma pensée, ajouta-t-il, tout éclat, tout scandale, pouvait nuire à tout le monde, à commencer par la Compagnie de Panama et à finir par la cause que je défendais. »

M. *Floquet* témoigna en ce sens : ayant été informé que la Compagnie était menacée de grosses réclamations pouvant susciter un péril pour elle, il avait voulu appeler là-dessus l'attention de MM. de Lesseps et il leur avait fait part de la situation en leur disant : « J'ignore les détails de l'affaire, voyez ce qui est de l'intérêt de la Compagnie que vous administrez et jugez vous-mêmes. » Nous retrouvons M. Floquet plus loin.

Un autre témoin, *M. Andrieux*, raconta la campagne de révélations qui commença par les articles de « Micros », dans la *Libre Parole*, contre la Compagnie en général et Jacques de Reinach en particulier. Celui-ci, pour faire cesser les attaques contre lui, offrit à ce journal, par l'intermédiaire de M. Andrieux, une certaine quantité de communications intéressantes. La *Libre Parole* accepta et laissa Jacques de Reinach tranquille — jusqu'à son décès. — Ensuite M. Andrieux s'expliqua sur ses relations avec Cornélius Herz, comment il avait obtenu de lui la liste aux chèques-Thierrée et l'usage qu'il en avait fait, détails qui se déroulent suffisamment dans les pages qui précèdent et qui vont suivre pour que nous puissions les passer ici.
— Il développa également les faits relatifs à MM. Barbe, Le Guay, Germain Casse et autres, que nous résumons ci-après aux *Impliqués*. — Indépendamment des faits que

nous venons de relater, le nom de Jacques de Reinach revint de nouveau sur le tapis au sujet d'une demande de 750,000 francs qu'il avait faite à M. Henri Cottu, administrateur de la Compagnie, soi-disant pour les besoins de la politique de M. Floquet. Nous avons déjà signalé cela à la page 49 de l'*Historique*. Devant la Cour d'assises M. Andrieux donna là-dessus de longs détails qui prouvèrent que Jacques de Reinach avait voulu tout bonnement escroquer cette somme à la Compagnie. Il avait fini tout de même par l'obtenir, mais M. Cottu s'apercevant qu'il était volé, en réclama la restitution et se livra même, en cette circonstance, à des voies de fait sur l'insatiable Israëlite. Celui-ci finit par restituer une partie de la somme.

MM. Ch. de Lesseps, Marius Fontane, Baïhaut et Blondin. — La Compagnie, déclara M. CH. DE LESSEPS, attendait en 1886 le dépôt du projet de loi (valeurs à lots), quand M. Marius Fontane reçut la visite d'un M. Blondin, fondé de pouvoirs du Crédit Lyonnais, qui vint, au nom de M. Baïhaut, ministre des travaux publics et son ami, demander un million pour déposer ce projet. M. Fontane en référa à M. Ch. de Lesseps et celui-ci alla se renseigner auprès du ministre Baïhaut qui confirma la démarche de son émissaire : pas d'argent, pas de dépôt. M. de Lesseps s'inclina et versa à M. Blondin un premier acompte de 375,000 francs que celui-ci remit à son ami Baïhaut. M. de Lesseps estima que cet argent devait servir au gouvernement pour couvrir des frais de publicité et autres dépenses ; il en conclut que ce ne fut pas une corruption de sa part à lui, mais une extorsion de la part du ministre.

En Cour d'assises, M. BAÏHAUT renouvela l'aveu du fait qu'il avait déjà reconnu, d'ailleurs, devant le juge d'instruction. Il exprima son repentir et sa douleur. Pour son malheur il avait écouté, ajouta-t-il, les propos de M. Blondin qui était venu l'engager à profiter de sa situation de ministre pour demander à son tour à la Compagnie de Panama ce qu'elle était accoutumée à donner. Il avait d'abord résisté au tentateur ; ensuite, dans un moment de folie, il oublia qu'il était ministre et il succomba. Il convint avec Blondin d'exiger un million sur lequel ce dernier toucherait une commission de 20 pour cent. C'est ainsi qu'il déposa le projet de loi en question et qu'il reçut 375,000 francs. Les versements de la Compagnie s'arrêtèrent là parce que la Compagnie retira elle-même le projet pour le représenter plus tard. — « Quant à la question de savoir si M. Blondin et les administrateurs du Panama ont cru que cet argent devait servir à de la publicité ou à des dépenses gouvernementales, j'affirme, dit M. Baïhaut, que ni M. Blondin ni les administrateurs n'ont ignoré qu'il s'agissait de me constituer un avantage personnel. C'est dans ces conditions que M. Blondin m'a apporté, en deux fois, 375,000 francs, dont 75,000 pour lui, à titre de commission. J'ajoute que, quand j'ai vu l'entreprise du Panama ruinée, j'ai eu des remords et j'ai voulu restituer l'argent au liquidateur, mais je ne pouvais pas, parce que restituer c'eût été avouer. »

M. BLONDIN se défendit d'avoir été un instigateur et, par après, d'avoir stipulé et reçu une commission. C'est bien son ami Baïhaut qui a eu l'idée de demander de l'argent à Panama, et lui, Blondin, s'imaginait sincèrement qu'il s'agissait de contrecarrer des opérations à la baisse. Jamais il n'aurait cru M. Baïhaut capable d'agir pour sa propre poche. Dans ces conditions, il n'avait été qu'un intermédiaire, qu'un homme de confiance et son rôle s'était borné à mettre en présence le financier panaméen et le ministre. — M. Blondin fit citer plusieurs témoins : MM. *Dusseigneur*, industriel à Ivry ; *Léon Martini*, contrôleur général de l'armée ; *Phalipau*, inspecteur des agences du Crédit Lyonnais ; *Tupin*, chef du contentieux ; *Tariot et de La Vigerie*, fondés de pouvoirs au même établissement, et *Félix Bonnin*, docteur médecin, à Arcachon, qui, chacun pour sa part, attestèrent son honorabilité, son obligeance, sa délicatesse de sentiments, son désintéressement et sa correction. Il avait fait citer également *M. Renouard*, sous-gouverneur de la Banque de France, mais celui-ci s'excusa de comparaître, ses collègues ne voulant pas que le nom de la Banque de France fût prononcé dans ce débat.

M. BAÏHAUT renouvela ses affirmations quant à l'idée première de la corruption imputable à Blondin et les 75,090 francs de commission touchés par lui. « D'ailleurs, ajouta-t-il, M. Ch. de Lesseps disait qu'il était écœuré de voir un ministre se conduire de la sorte. Or, ce qui l'écœurait, c'était précisément l'emploi de ces fonds. Si, comme il le prétend, cet argent avait été demandé pour faire de la publicité, son écœurement se serait changé en ravissement. »

M. Ch. de Lesseps et M. Levasseur. — Interrogé par l'avocat général sur le fait d'avoir offert à M. Levasseur, professeur au Collège de France et membre de l'Institut, une part de fondateur de la Société de Panama, M. Ch. de Lesseps répondit que M. Levasseur ayant rédigé, au moment des études préliminaires, un rapport des plus remarquables sur le rendement probable du canal, il avait cru pouvoir lui faire une politesse en lui offrant, en effet, une part de fondateur à titre de souvenir affectueux. « M. Levasseur a refusé et cela l'honore », ajouta-t-il. *M. Levasseur* confirma le fait tout en appréciant l'acte comme un mouvement de générosité gratuite envers lui. Il avait estimé que sa situation de savant désirant conserver tout à fait son indépendance vis-à-vis de la science, ne lui permettait pas d'accepter.

M. Ch. de Lesseps lui fit cette offre le 21 mars 1881, époque où ces parts de fondateur se négociaient, déclara M. l'expert *Flory*, au cours de 75,000 francs.

MM. Ch. de Lesseps et Ch. Floquet. — « Avant le vote des obligations à lots, au mois d'avril 1888, déclara en substance M. Ch. de Lesseps, le nommé Arton vint me trouver de la part de M. Floquet, alors président du conseil, pour me demander 300,000 francs sur nos frais de publicité et au bénéfice de certains journaux que M. Floquet m'indiquerait, et cela pour soutenir la lutte contre le général Boulanger dans l'élection du Nord. J'allai trouver M. Floquet qui, en effet, me pria de lui rendre ce service en me disant qu'il ne voulait rien me demander d'incorrect et que, si je refusais, nos relations ne s'en ressentiraient aucunement. Il me sembla imprudent de ne pas rendre ce service au chef du gouvernement; je m'inclinai; Arton m'apporta les noms des journaux en question, et, alors, je lui remis, à Arton, en plusieurs fois, cinq chèques, dont trois de 75,000, un de 25,000 et un de 50,000 francs. Ces chèques m'étaient demandés par Arton pour son compte spécial. »

On verra à l'*Appendice* que, mandé par la commission d'enquête parlementaire, M. Floquet opposa un démenti à ces allégations et fit une déposition que nous reproduisons *in extenso*. Devant la Cour d'assises, M. *Floquet* renouvela son démenti et M. Ch. de Lesseps maintint ses allégations. Ce qui amena un juré à demander à M. de Lesseps si dans les pièces de la comptabilité de la Compagnie on ne trouverait pas la trace de ces chèques spéciaux. Des recherches furent faites et, effectivement, on découvrit ces documents qui furent soumis à l'examen du jury (1).

Dans le cours des débats le jury entendit plusieurs témoins à décharge cités par M. Ch. DE LESSEPS :

M. Roux, député des Bouches-du-Rhône, ancien membre de la Chambre de commerce de Marseille, envoyé à Panama avec une délégation pour se rendre compte de l'état de l'entreprise de 1885-86, et qui déclara que, pendant son séjour dans l'isthme, jamais les administrateurs de la Compagnie n'avaient essayé d'influencer les délégués (2); — *M. Emile Ferry*, conseiller général de la Seine-Inférieure, envoyé également dans l'isthme comme délégué de la Chambre de commerce de Rouen, qui déposa qu'il n'était en relations avec aucun de ces administrateurs, qu'il ne les connaissait même pas ; — *M. Dingler*, ingénieur en chef des ponts et chaussées, chargé de la direction des travaux du canal de 1883 à 1885 et, depuis, attaché à la Compagnie en qualité d'ingénieur-conseil, qui donna quantité de détails techniques sur le canal, très intéressants sans doute, mais étrangers aux faits de corruption ; — de même M. l'ingé-

(1) D'après des informations de presse non démenties, ces 300,000 francs furent répartis entre MM. Raoul Canivet (*Paris*), Victor et Henri Simond (*Radical*), leur employé Papuchon (*Parti Ouvrier*) et G. Simon (?).

(2) M. Roux est aujourd'hui administrateur de la Compagnie de Suez.

nieur *Hutin*, entré à la Compagnie avec M. Dingler, son chef, et sorti de service en 1886 ; — *M. Georges Thiébaud*, publiciste, qui développa un projet de reconstitution de la Compagnie, sans apporter, lui non plus, quoi que ce soit de nouveau au procès en corruption.

(M. Charles de Lesseps cita encore *Madame Cottu*, laquelle fit, à l'audience du 11 mars, une déposition qui produisit une sensation énorme. Ces révélations, tout à fait étrangères au procès en corruption, mais extrêmement graves au point de vue de l'Affaire du Panama en général, nous leur consacrons un chapitre spécial.)

Par contre, *M. Allain-Targé*, ancien ministre de l'intérieur (1885), appelé pour donner des renseignements sur des démarches faites auprès de lui par MM. Ferdinand et Charles de Lesseps au sujet de leur émission de valeurs à lots, fit une déposition peu favorable. M. Ferdinand de Lesseps avait essayé de peser sur lui en parlant de la presse qui, disait-il, était tout entière dans ses mains ; et son agent, Lévy Crémieux, lui avait offert quelques centaines de mille francs pour la campagne électorale qui s'approchait, mais M. Allain-Targé n'en avait pas moins refusé de déposer le projet de loi sollicité. M. Charles de Lesseps protesta contre cette déposition qu'il qualifia d'inexacte.

M. Sans-Leroy et Arton. — Mis en arrestation, comme on l'a vu, sous la prévention d'avoir trafiqué de son vote comme membre de la commission chargée d'examiner le projet de loi pour l'émission (valeurs à lots) de 1888, M. SANS-LEROY (V. aux *Impliqués*) refusa de répondre au juge d'instruction. Devant la cour d'assises il protesta de son innocence. Il déclara que, bien que n'étant pas partisan de cette émission d'obligations à lots et ayant même affirmé son hostilité à plusieurs reprises, il avait voulu obtempérer au désir de beaucoup de ses électeurs qui l'avaient prié de se prononcer en faveur du projet de loi. D'ailleurs, il n'avait pas été le seul à changer d'avis : ils avaient été trois. Qui ? M. Sans-Leroy ne le dit pas. — Quant à l'accusation d'avoir été corrompu par Arton, qui comme agent de la Compagnie lui aurait glissé dans la main, entre deux portes, deux cents billets de mille francs, M. Sans-Leroy objecta qu'il attendait qu'on en fît la preuve. Ensuite, l'accusation portant qu'il avait, au lendemain de son vote, déposé 200,000 francs au Crédit Lyonnais, alors qu'on le savait dans une situation embarrassée, il répondit que ce dépôt avait été effectué grâce au remploi de la dot de sa femme et il remit à la Cour des actes notariés constatant ce remploi. Cependant, à une audience ultérieure, il donna à ce sujet des explications confuses qui n'apprirent au jury rien de bien concluant.

M. *Rondeleux*, chef d'industrie à Montceau-les-Mines, était député en 1888 et faisait partie de cette commission d'examen qui le désigna pour rédiger un rapport hostile. Après le changement d'opinion de M. Sans-Leroy, un autre rapporteur, M. Henry Maret, fut chargé de conclure dans un sens favorable. Devant la Cour d'assises, M. Rondeleux renseigna le jury de tout ce qui s'était passé, relativement à M. Sans-Leroy, pendant les séances de la commission. De même furent entendus MM. les députés *Salis* et *Félix Faure* qui corroborèrent ces renseignements.

M. Sans-Leroy tint surtout à un point: la preuve de sa sortie du bureau pour recevoir d'Arton le prix de son vote. Ses collègues l'avaient-ils vu sortir? Ceux qui furent interrogés à ce sujet, MM. *Rondeleux, Faure, Saint-Martin, Henry Maret, Horteur*, déclarèrent ne pouvoir donner aucune indication précise, les sorties et les rentrées étant, dans une commission, trop fréquentes pour fixer spécialement l'attention (1).

---

(1) Un ancien député, *M. Chantagrel*, qui fit également partie de cette commission, en 1888, vint déclarer devant l'enquête parlementaire qu'il avait été, lui aussi, l'objet d'une tentative de corruption faite par un *M. Souligou*, agent de publicité, qui lui avait proposé, de la part de M. Ch. de Lesseps, d'abord 100,000 — puis 300,000 — puis 500,000 francs. M. Souligou nia avec énergie. Tous deux se trouvèrent à la Cour d'assises, assignés à la requête du parquet, M. Chantagrel persistant dans son allégation et M. Souligou dans sa dénégation. Les témoins cités par M. Chantagrel: *Madame de Susini*, receveuse des postes à

M. Béral. — Désigné comme ayant touché de Jacques de Reinach un chèque de 40,000 francs, M. BÉRAL reconnut le fait. Mais cet argent représentait ses honoraires d'ingénieur. Depuis plus de vingt ans il était en relations avec le baron de Reinach qui le consultait sur une foule d'entreprises de mines, de chemins de fer, et ces honoraires s'étaient accumulés. Quand J. de Reinach lui avait remis ce chèque, M. Béral ne se doutait nullement que l'argent venait du Panama. (V. aux *Impliqués*.) Il fit citer des témoins : *MM. Edouard Pasteur*, propriétaire ; *Bixio*, président de la Compagnie générale des Voitures ; *Rey*, docteur en médecine et *Rousse*, conseiller d'Etat, qui déclarèrent tous M. Béral incapable de commettre, non seulement un crime, mais un acte d'indélicatesse.

M. Dugué de la Fauconnerie. — M. DUGUÉ DE LA FAUCONNERIE répéta à la Cour d'assises ce qu'il avait déjà dit antérieurement devant la commission d'enquête parlementaire, notamment que Jacques de Reinach l'avait intéressé dans une spéculation à lui et que cela avait rapporté un bénéfice de 25,000 francs. Il n'avait pas demandé à J. de Reinach en quoi consistait la spéculation. Cette affaire, il

Villemonble et *M. Auffray*, avocat à Paris, à l'effet de déposer sur des détails qui affirmeraient le fait de corruption, ne révélèrent au contraire rien de concluant.

— D'autre part, *M. Borie*, député de la Corrèze, cité par la partie civile, vint affirmer devant le jury que, à la même époque, on avait tenté également de le corrompre. Un M. Blanchet lui avait offert 25,000 francs pour chaque voix de député qu'il pourrait obtenir en faveur du projet de loi pour les obligations à lots. M. Ch. de Lesseps demanda à ce qu'on fît comparaître cet individu. Un *M. Leriche* avait déjà dit qu'il connaissait le Blanchet en question, mais plus tard, devant la Cour d'assises, il vint déclarer que son Blanchet à lui n'était pas celui de M. Borie et il refusa obstinément de donner l'adresse du personnage. *M. Labrousse*, député de la Corrèze, cité par M. Borie, affirma que son collègue lui avait, en effet, raconté cette tentative de corruption au moment où elle s'était produite. Et ce fut tout.

l'avait traitée de vive voix, comme il avait traité déjà avec ce financier plusieurs affaires semblables (V. aux *Impliqués*).

Il fit citer MM. *le baron de Mackau*, député de l'Orne ; *Arthur Meyer*, directeur du *Gaulois* ; *Henry Leroy*, banquier; *Gustave Avice*, id., et le *baron Digeoin* qui témoignèrent de son honorabilité et de sa correction en affaires.

M. Gobron. — Porté sur le bordereau-Thierrée (V. aux *Impliqués*) pour un chèque de 20,000 francs. M. GOBRON répéta également ce qu'il avait déclaré devant la commission d'enquête. Cet argent fut le prix d'un lot de parts de fondateur d'une Société de Tannage par l'électricité qu'il avait cédées à Jacques de Reinach. Cette société avait été fondée au mois de juin 1888 ; M. Gobron avait souscrit pour 50,000 francs et il cherchait des appuis financiers pour cette affaire ; Jacques de Reinach lui avait pris 50 parts de fondateur sur des conventions purement verbales.

Les témoins, cités par le défenseur de l'accusé, MM. *Zerkowski*, ingénieur civil, *Eugène Worms*, industriel et *Léopold Goirand*, députés des Deux-Sèvres, confirmèrent ces déclarations et attestèrent par surcroît la parfaite honorabilité de M. Gobron.

M. Antonin Proust. — Déjà devant la commission d'enquête, M. ANTONIN PROUST avait donné des explications au sujet du chèque de 20,000 francs touché par lui à la caisse Thierrée (V. *Impliqués*). A la Cour d'assises il reconnut de nouveau avoir participé à l'émission de 1888 dans les conditions les plus correctes. Il avait rendu au baron de Reinach des services de nature artistique et celui-ci s'en était montré reconnaissant en intéressant M. Proust, chaque fois qu'il en avait l'occasion, dans quelque affaire financière avantageuse. C'est ainsi qu'il comprit M. Proust dans sa participation à l'émission susdite. Le bénéfice pour l'intéressé fut de 20,000 francs.

A l'audience il fut donné lecture de la déposition faite par M. le *baron de Soubeyran* devant l'enquête parlementaire sur ces participations à des syndicats et ces renseignements importaient à la défense de l'accusé. De son côté, *M. May*, banquier, attesta que M. Proust était venu, quelques jours avant l'émission, lui demander s'il ne courait pas un risque trop grand en prenant une part au syndicat de Reinach. Cette préoccupation indiquait donc un souci que n'ont pas d'ordinaire les gens qui touchent de l'argent sans exposer leurs deniers. Ensuite le jury entendit le témoignage de *MM. Louis Mercier*, propriétaire à Niort ; *Paul Mercier*, rédacteur en chef du *Mémorial des Deux-Sèvres ; Jean Béraud*, artiste peintre ; *Alexandre Falguière*, statuaire, membre de l'Institut et *Eugène Spuller*, ancien ministre, sénateur de la Côte-d'Or, qui se portèrent respectivement garants de la probité, de la loyauté, du désintéressement de M. Proust.

Arton. — On a vu apparaître ce personnage dans le cas de M. Floquet et dans celui de M. Sans-Leroy. On trouvera plus loin, aux *Impliqués*, de plus amples détails sur lui. A la page 48 de l'*Historique*, nous relatons que M. Andrieux avait fait proposer, par un émissaire, à Arton, qui était en fuite, une forte somme en échange de certains documents. Cet émissaire fut *M. Eugène Deschamps*, coulissier à la Bourse, qui vint confirmer le fait à la Cour d'assises.

A la même audience, *M. Andrieux* parla incidemment d'une lettre d'Arton qui, se plaignant des recherches pressantes dont il était l'objet, demandait qu'on fît à son intention une démarche au Palais-Bourbon, auprès d'une haute personnalité politique, pour modérer le zèle de la police ! Prié de dévoiler le nom de cette personnalité, M. Andrieux objecta que ce nom lui avait été révélé par Cornélius Herz, envers qui il s'était engagé à garder le secret professionnel...

Listes compromettantes. — 1° Au cours de ses investigations, la commission d'enquête parlementaire enregistra, d'après les dépositions de plusieurs députés, un propos de M. *Yves Guyot*, ancien ministre des travaux publics. Dans les couloirs de la Chambre, M. Yves Guyot avait dit qu'un jour, en conseil des ministres, il avait vu et entendu M. Constans, alors ministre de l'intérieur, mettre la main sur un portefeuille et déclarer qu'il allait communiquer au Président de la République une liste de plus de *cent* noms de gens ayant tripoté dans le Panama. Invité à ce sujet par la commission d'enquête, M. Yves Guyot refusa de venir. Son cas revint incidemment à la Cour d'assises où MM. les députés *Salis*, *Mège* et *Caffarelli* affirmèrent l'authenticité du propos susdit. La partie civile cita M. Yves Guyot : il refusa de comparaître. Il écrivit au président des assises que « nier ou affirmer un fait qui se serait passé au conseil des ministres, ce serait livrer des délibérations secrètes par leur essence à des débats contradictoires devant les tribunaux. » Réassigné, il refusa plus que jamais. Mais, à la fin, on eut l'explication de ces refus persistants : *M. Constans* vint déclarer lui-même devant le jury que jamais il n'avait eu en sa possession aucune liste de ce genre. « Je regrette pour ma part, ajouta-t-il, que M. Yves Guyot ne soit pas ici ; je suis convaincu qu'il ne m'aurait pas exposé à paraître en contradiction avec lui. »

2º Il fut aussi parlé de la fameuse liste des 104. Un publiciste socialiste, *M. Eugène Fournière* déclara qu'un député également socialiste, M. Ferroul, avait affirmé que ce document avait été communiqué à M. Loubet, ancien président du conseil, qui, d'ailleurs, n'avait pas voulu la conserver. M. Loubet fit annoncer par *l'Agence Havas* que l'allégation était inexacte.

3º Enfin, il y eut *M. Bonaparte-Wyse* qui déposa qu'une liste analogue, et celle-là de 161 noms, avait été remise par les administrateurs de la Compagnie au liquidateur M. Monchicourt. Les administrateurs protestèrent, ainsi que M. Monchicourt qui, empêché par maladie de comparaître, envoya une protestation écrite.

Ce fut sur toutes ces affirmations et dénégations que la question des listes resta en suspens.

Après l'interrogatoire des accusés et l'audition des témoins, la parole fut donnée aux avocats des parties civiles, Mes Boullay, de Las Cases, Loustaunau, Lagasse et Roussel qui, chacun selon son tempérament, plaidèrent la cause des malheureux obligataires dont le Panama a englouti l'épargne et demandèrent l'application de la loi contre tous les coupables.

M. l'avocat-général Laffon requit sans merci contre MM. Charles de Lesseps et Marius Fontane, s'attacha à innocenter MM. de Freycinet, Clémenceau et Floquet de leur immixtion dans les affaires de la Compagnie, écarta l'incident de madame Cottu comme chose étrangère au procès, engloba tous les autres accusés dans une culpabilité commune et réclama lui aussi une justice exemplaire pour donner satisfaction à l'opinion.

Les avocats défenseurs : Mes Barboux pour Charles de Lessep ; du Buit pour Marius Fontane ; Rousseau pour Baïhaut ; Lallier pour Blondin ; Danet pour Sans-Leroy ; Maurice Tézénas pour Dugué de la Fauconnerie ; Schayé pour Gobron ; Raoul Rousset pour Béral et Demange pour Antonin Proust, prodiguèrent en de fort belles plaidoiries leur éloquence pour arracher leurs clients au verdict qui les guettait.

Le procès prit douze audiences et finit le 21 mars.

Le jury déclara coupables : MM. Baïhaut, Ch. de Lesseps et Blondin, ces deux derniers avec admission de circonstances atténuantes.

Tous les autres accusés bénéficièrent d'un verdict de non-culpabilité.

Après quoi la Cour rendit un arrêt qui condamna :

Baïhaut à la DÉGRADATION CIVIQUE (1), à CINQ ANS DE PRISON et à 750,000 francs d'amende ;

---

(1) La dégradation civique emporte, outre la déchéance de tous les droits civiques : droit du vote, d'élection, d'éligibilité, etc., la privation des droits de famille, la radiation de la Légion d'honneur, l'incapacité d'être témoin ou juré et de faire partie d'un conseil de famille.

Charles de Lesseps à UN AN de prison ; cette peine se confondra avec celle de cinq ans de prison prononcée précédemment par la Cour d'appel ;

Blondin, à DEUX ANS de prison.

Charles de Lesseps et Blondin furent en même temps condamnés solidairement avec Baïhaut au paiement de l'amende de 750,000 francs à verser à la liquidation du Panama. De plus, à titre de supplément de dommages-intérêts, ils avaient à rembourser les obligataires qui s'étaient portés parties civiles au procès.

Au nom du liquidateur, Mᵉ Loustaunau demanda à la Cour d'ordonner, par son arrêt, la restitution à la Compagnie des sommes touchées, même de celles qui ont été payées aux prévenus acquittés. « Quel que soit le verdict, dit l'avocat, il est certain qu'ils ont touché des chèques... La Cour d'assises les condamnera à restituer, en attendant que le liquidateur fasse rendre gorge à tous ceux qui se sont distribué sans titre et sans droit l'argent des obligataires.

La Cour rejeta catégoriquement ces réclamations. MM. Dugué de la Fauconnerie, Antonin Proust, Béral et Gobron pouvaient donc garder l'argent que Jacques de Reinach avait pris aux obligataires du Panama par le bon vouloir des administrateurs. Quant à M. Sans-Leroy, les preuves matérielles manquaient pour affirmer qu'il en avait reçu.

XXXI

La révélation de Madame Cottu.

Lorsque M. Henri Cottu, administrateur de la Compagnie de Panama, comparut devant M. le juge d'instruction Franqueville, celui-ci lui posa cette question :

— Il paraît résulter des renseignements que vous auriez connu des distributions d'argent faites à des membres du Parlement, notamment à des députés de la Droite ?

M. Henri Cottu répondit qu'à sa connaissance aucun député de la Droite n'avait émargé à la caisse de Panama.

Or, quelques jours avant l'ouverture du procès en Cour d'assises, les journaux publièrent un récit étrange. Madame Henri Cottu, dont le mari était détenu à Mazas en attendant sa comparution devant la Cour d'appel, aurait eu à subir une tentative de chantage de la part d'un haut fonctionnaire du ministère, M. Soinoury, qui lui aurait marchandé la mise en liberté de M. Cottu au prix d'une dénonciation pouvant compromettre la Droite parlementaire, ne fût-ce que par un seul de ses membres, dans les tripotages du Panama...

Ce fut une stupeur. On ne crut pas à pareille aberration.

Mais, pendant le procès en corruption, à l'audience

du 11 mars, Madame Cottu, citée à la requête de M. Charles de Lesseps, fit cette déposition, qui eut un grand retentissement :

Quelques jours après le 20 décembre 1893, date à laquelle son mari s'était constitué prisonnier, un M. Goliard l'informa, par l'entremise du secrétaire de M. Cottu, que le gouvernement, très ennuyé de la tournure que prenait le procès en corruption, désirait arriver à une entente avec les administrateurs de la Compagnie. Il lui fit demander si elle voulait être l'intermédiaire de cette entente. Madame Cottu répondit qu'elle ne s'y refuserait pas ; mais quelle en serait la base ? Ce Goliard vint la renseigner : « de la part du gouvernement, non-lieu certain dans l'affaire de corruption ; mise en liberté immédiate, en échange, de la part de ces messieurs, de la promesse de se taire. » Madame Cottu eut de la méfiance. Mais Goliard lui annonça que, dans quelques jours, elle verrait à cet effet, si elle voulait, le ministre de la Justice, M. Bourgeois qui, ajoutait Goliard, était d'accord avec son collègue de l'Intérieur, M. Loubet. Madame Cottu mit alors pour condition que quelqu'un du ministère vînt la chercher, parce que, n'ayant rien demandé, elle n'irait pas d'elle-même. Fort bien, il serait fait selon son désir ; seulement on viendrait la prendre dans une maison tierce, chez un ami de son mari, par exemple.

Tout était convenu quand le sieur Goliard revint chez Madame Cottu pour l'informer qu'avant de voir M. Bourgeois elle était priée de causer avec M. Soinoury, directeur de la Sûreté générale au ministère de l'Intérieur, lequel la conduirait ensuite chez le ministre. Madame Cottu y consentit. Elle attendit donc chez M. Billier, ami de son mari, et bientôt arriva M. Nicolle, commissaire spécial au ministère de l'Intérieur, qui la conduisit à ce ministère auprès de M. Soinoury.

Après quelques préliminaires, celui-ci demanda à Madame Cottu « si elle n'avait pas de pièces compromettantes, quelque chose de tangible qu'il pût montrer au ministre... une pièce compromettant quelqu'un de la

Droite... cela aurait pour le gouvernement une importance énorme... enfin, ne fût-ce qu'une copie qu'elle remettrait à lui, Soinoury. »

Madame Cottu répondit que, pour sa part, elle ne savait ni n'avait rien et qu'elle ignorait si les administrateurs du Panama possédaient des pièces semblables.

Mais le fonctionnaire ministériel ne lâcha pas prise. Pendant une heure et demie d'horloge, il chercha toujours à faire parler Madame Cottu en lui faisait sous-entendre que si elle voulait donner un nom de la Droite, n'importe lequel, la mise en liberté de son mari serait accordée immédiatement. Et pour faciliter la besogne, il lui délivrerait des permis de communiquer avec ces messieurs qui étaient alors au secret. Madame Cottu répliqua qu'elle n'avait que faire de ces permis, puisqu'elle voyait souvent son mari chez le juge d'instruction et qu'elle correspondait librement avec lui au point de vue de leurs affaires.

La conversation terminée, M. Soinoury demanda à ce que cet entretien restât entre eux; Madame Cottu répondit que cela lui était égal, attendu que, n'ayant rien demandé, elle n'avait rien à cacher.

Le lendemain, on s'entêta à lui faire remettre par M. le commissaire Nicolle, trois permis de communiquer signés en blanc. Madame Cottu refusa catégoriquement de les accepter.

Restait à savoir si cette grave déposition serait confirmée par le principal intéressé, M. Soinoury. Il comparut sur l'heure devant la Cour. Après avoir dit-contrairement à l'affirmation de Madame Cottu, que celle-ci, loin d'avoir été appelée, lui avait été signalée comme voulant obtenir, par son intermédiaire, l'autorisation de voir son mari détenu et la faveur que M. Cottu et ses co-inculpés comparussent libres, — M. Soinoury entra dans le vif de l'entretien et la sténographie recueillit ceci :

... J'ai posé à Madame Cottu certaines questions, je me suis informé, nous avons causé et de la situation générale, et du Panama et de son mari, de tout ce qui pouvait nous intéresser tous deux dans la circonstance, mais je n'ai pas tenté de faire un marché avec elle... Tout au plus ai-je été curieux, tout au plus ai-je été indiscret, — c'était un peu dans mes fonctions, — mais je déclare que jamais je n'ai essayé d'obtenir quelque chose de Madame Cottu ou par promesse ou par menace. Je lui ai dit que ma sympathie lui était acquise indépendamment de toute espèce de révélations qu'elle pourrait me faire ou ne pas me faire... J'ai pu lui demander si son mari avait quelques documents, soit contre la Droite, soit contre toute autre personne, mais ce n'était qu'à titre de renseignements... Enfin je proteste contre cette allégation d'avoir mêlé le ministère à l'affaire. Je causais avec madame Cottu (et je le lui ai dit) en mon nom personnel. Ce n'était pas le directeur de la Sûreté générale qui lui parlait, c'était l'homme et pas autre chose... Oui, j'ai causé dans l'espérance d'obtenir des révélations, mais sans avoir mis ces révélations à prix.

C'était ce qu'on peut appeler un aveu bourré d'artifices, mais c'était un aveu.

De leur côté, MM. Nicolle et Goliard donnèrent des explications qui caractérisèrent leur part respective dans cette manœuvre policière.

L'émoi fut grand dans le monde gouvernemental. M. Bourgeois commença par donner sa démission et affirma, devant la Cour d'assises et à la Chambre, qu'il n'avait d'aucune façon autorisé qui que ce fût à agir comme on venait de le faire. M. Loubet chargea M. Ribot de faire savoir au pays qu'à l'époque où il était ministre de l'Intérieur, il avait bien autorisé M. Soinoury à recevoir Madame Cottu, qui lui avait sollicité certaines facilités de communiquer avec son mari, mais à cela s'était bornée son intervention. Et

M. Ribot, président du conseil, profita de la commission, pour insinuer, à la tribune de la Chambre, que Madame Cottu avait multiplié toutes ses démarches sous de faux prétextes pour pouvoir approcher du préfet de police qui se refusait à un entretien qu'on paraissait chercher... Bref, tout le monde chercha à tirer son épingle du jeu. Cependant, comme il fallait tout de même donner quelque satisfaction à l'opinion publique, M. Soinoury perdit définitivement sa place et M. Nicolle fut envoyé en disgrâce au Havre — mais M. Bourgeois reprit son portefeuille de garde-des-sceaux.

« Comédie de justice ! » s'écria M. G. Cavaignac en présence de ce nouveau fait qui épargnait les gros aux dépens des petits. De son côté, M. Albert de Mun donna la définition exacte de la situation en disant qu'il avait suffi de la parole d'une femme pour mettre à nu tout un système de sauvetage politique organisé pour conjurer, par la dénégation et la dissimulation, l'écroulement d'un état de mœurs publiques qui faisait de la corruption et de la vénalité comme une nécessité des affaires et la condition de leur succès.

XXXII

La Commission d'enquête.

Et la commission d'enquête parlementaire ?
Elle se demanda si le moment n'était pas venu de cesser ses travaux.

Déjà après la mise hors de cause de MM. Thévenet, Jules Roche et Emmanuel Arène, elle avait discuté la question sans aboutir. Après les non-lieu prononcés en faveur de MM. Rouvier, Albert Grévy, Léon Renault et Devès, elle se décida à nommer un rapporteur « préparatoire » qui fut son président, M. Brisson, lequel, d'ailleurs, avait proposé la motion. Son travail consisterait à coordonner les renseignements et documents que possédait la commission à ce jour, sans préjudice de ceux qui lui parviendraient ultérieurement.

Mais M. Brisson tomba malade et, à la date où la Cour d'assises prononçait son verdict, il déclara que son état de santé ne lui permettait pas encore de terminer le travail qu'il avait accepté.

Après une assez longue interruption, la commission reprit ses séances le 18 mars, sous la présidence de M. Clausel de Coussergues, pour entendre MM. Ribot. président du conseil, et Bourgeois, garde-des-sceaux, au sujet de la situation de Cornélius Herz et du fugitif Arton.

Les deux ministres déclarèrent naturellement que le gouvernement avait fait tout ce qui dépendait de lui pour amener les deux individus devant la justice française. Seulement, voilà ! Pour le sieur Herz, on se heurtait à des difficultés d'extradition et, d'ailleurs, son état maladif s'opposait à tout déplacement. Mais, cette maladie, est-ce que le gouvernement français en avait demandé la constatation judiciaire ? Mon Dieu, oui, mais le gouvernement anglais s'y était toujours opposé. Pourquoi ? On ne savait pas.

Quant à Arton, ce n'est pas à raconter combien le gouvernement avait fait l'impossible pour mettre la main dessus, mais si on n'y est jamais parvenu, c'est la faute des journaux qui, par leurs indiscrétions, ont toujours averti le fugitif (1)...

La commission enregistra pieusement ces belles déclarations ministérielles. Puis, après discussion de quelques menus détails, elle s'ajourna jusqu'au lundi suivant pour continuer sa besogne.

De sorte qu'à l'heure où paraît notre *Précis*, nous ignorons comment MM. les enquêteurs auront résumé leurs investigations. Cela, d'ailleurs, a peu d'importance en soi, puisque la publicité s'est emparée des séances de la commission au fur et à mesure et que, quant à nous, nous avons relaté ici tout ce que ces séances ont présenté d'intéressant.

XXXIII

Conclusion

On vient de voir les phases successives de la formidable curée : cette banque syndiquée et son cortège d'écumeurs ; cette presse d'industriels toujours prête à se livrer à quiconque la paie, et d'autant plus vénale qu'elle est plus répandue ; ces trafiquants de la politique se bousculant devant la caisse de Panama, ceux-

---

(1) A propos de Cornélius Herz et Arton, disons qu'une procédure fut également ouverte contre eux. M. le juge d'instruction Franqueville en fut chargé, mais il se retira pour raisons de santé et M. Welter, qui déjà avait instruit contre Arton au début de sa fuite, fut nommé à la place de M. Franqueville.

ci pour leur butin personnel, ceux-là pour les besoins du parti, d'autres dans « l'intérêt supérieur de la République » (?) ; ces entrepreneurs de proie, enfin, pour qui l'affaire du canal était la toison d'or idéale, la « galette » monstre où il y en avait pour toutes les bouchées, depuis les moins âpres jusqu'aux plus gloutonnes...

Devant ce dépècement inouï de l'épargne, on se retourne contre les administrateurs de la Compagnie et on leur demande par quelle aberration ils se sont laissé exploiter, duper dans de telles proportions, sans se révolter à la fin, sans étaler une bonne fois sous le soleil du bon Dieu les faits et gestes de tous ces dévorants ? Ils nous répondent que c'était une question d'engrenage. Et le fait est qu'ils ont raison. La jolie société, qui mène aujourd'hui son sabbat en France, est ainsi combinée qu'en elle tout se tient. Sa finance, sa législation, son journalisme, sa politique, sa magistrature, son capitalisme entrepreneur, forment un enchevêtrement d'intérêts réciproques qui rend tous ces gens-là solidaires les uns des autres. C'est un système à répercussion dans lequel, quand un rouage est frappé, tous les autres se sentent atteints, et ainsi s'explique comment, en cette affaire du Panama, on a vu des personnages haut placés s'interposer entre la Compagnie et ses rongeurs pour couvrir ceux-ci et les soustraire à des scandales qui allaient compromettre toute la « famille ».

Evidemment, les administrateurs du Panama ont forfait à leur devoir en ne réagissant pas énergiquement contre ce pillage de millions à eux confiés. De venir nous dire que, hypnotisés par leur entreprise, ils croyaient la sauver en l'embourbant de plus en plus, c'est une excuse d'incapables. Quand on a l'honneur d'être les hommes-liges de l'épargne d'autrui, il faut savoir la gérer avec sens commun ou ne pas s'en mêler.

Mais, enfin, c'est fait, c'est consommé, les copieux millions du Panama sont volatilisés et tous les procès du monde ne les feront pas réintégrer la caisse. Sera-ce une leçon pour l'épargne? On peut l'espérer sans trop y croire, car nous vivons dans un temps où ces mœurs financières et politiques sont l'efflorescence naturelle de l'éducation sociale ambiante. Autel, foyer, autorité, honnêteté réciproque, tout ce qui, il y a quelques lustres, était encore respectable et respecté, est aujourd'hui débordé par l'avènement de gens sans préjugés pour lesquels l'anarchie morale semble l'idéal de la félicité.

Nous ne voulons pas rechercher ici jusqu'à quel point le régime qui gouverne la France est responsable de cet état de mœurs; il peut suffire de constater sa complicité, volontaire ou non, avec les artisans de la démoralisation publique. Ce que ceux-ci ont rêvé, le régime l'a réalisé: il leur fallait le champ libre pour que rien ne gênât plus les ébats de la bête qui est en eux. Ils l'ont. Rien ne les empêche plus d'assouvir leurs appétits de luxe et de jouissances, pourvu qu'ils trouvent pour cela l'argent nécessaire. Donc, l'argent en tout et pour tout, voilà la position de la question. Ce qui fait qu'ils cherchent, chacun de son côté, à happer dans la mêlée la plus grande quantité d'or possible, sans s'inquiéter de ce qu'en dira leur conscience — puisqu'ils n'en ont plus.

Ce qui par exemple contrarie beaucoup tous ces

goinfres de la curée panamesque, c'est que l'élément catholique n'y compte pas le moindre représentant. On a vu qu'ils ont bien essayé d'en découvrir, même d'en inventer, mais cela n'a pas pris et les fameuses éclaboussures prédites par M. Boissy d'Anglas lui restent pour compte (1).

Par contre, l'élément israélite a donné avec une maëstria exceptionnelle. Dès le début on voit un Lévy-Crémieux promener ses pattes sur le trésor panaméen. Après lui, c'est Jacques de Reinach, le banquier flibustier, doublé d'Arton, l'homme-chèque. Puis surgissent les Oberndœrffer, les Siméon, les Schmitt, tous les Meyer-Mayer de la tribu. Et dans l'isthme même, pendant l'interruption des travaux, des recéleurs juifs excitent les nègres à soustraire les pièces en cuivre du matériel au repos! Mais bientôt Israël est roulé par Israël même! On voit Jacques de Reinach avalé par Cornélius Herz, le plus requin de tous. Ce Cornélius! A lui seul il fait marcher tout le cortège : financiers, politiciens, ministres, ambassadeurs, chefs d'État... et quand sonne l'heure psychologique, il laisse judaïquement tous ses complices se débrouiller entre eux et se cantonne dans une maladie d'opérette dont tous les pouvoirs français coalisés ne peuvent le faire déloger! Oui, on assiste à ce spectacle: tout un brelan de personnages affolés se démènent en Cour d'assises, des cabinets cahotant de crise en crise, un Parlement sens dessus dessous, tout un pays en l'air devant cet inouï déballage de linge sale — et, là-bas, de l'autre côté du détroit, l'artisan de tous ces scandales qui, diabé-

(1) Voyez à l'*Appendice* l'interpellation Delahaye.

tique pour rire, se tient les côtes en voyant la lessive !

Ce, pendant que le joyeux Arton déambule par l'Europe en aimable compagnie et se délecte en voyant ses dupes s'abîmer dans le gigantesque pétrin qu'il a aidé à leur préparer.

Si bien que, dans toute cette écume du Panama, on voit surnager deux juifs, les plus canailles de la troupe, mais que personne n'ose inquiéter parce que, à eux deux, ils détiennent le secret de multiples hontes encore cachées !

Bref, à l'heure où nous publions ces pages, nous voyons que, sans compter ses condamnés, l'Affaire du Panama a fait tomber six ministres, mis en suspicion cinq autres détenteurs de portefeuilles, ainsi qu'un ancien gouverneur de l'Algérie; qu'elle a provoqué trois crises ministérielles, « débarqué » un président de la Chambre, disqualifié un chef de parti, culbuté un procureur général, mis à pied deux hauts fonctionnaires, causé trois expulsions, une radiation de la Légion d'honneur, deux duels et un suicide, — et, politiquement parlant, elle ne fait que débuter !

Et le Canal?

Son projet comportait 75 kilomètres d'étendue, dont 30 sont considérés comme achevés; seulement le travail fait a été le travail le plus facile. Ce qui reste à faire représente le plus difficile de l'œuvre et exigerait de nouveau un minimum de *un milliard*. Dans ces conditions, la France reprendra-t-elle l'entreprise ou l'abandonnera-t-elle définitivement?

Des essais de reconstitution de société ont été

ébauchés : en 1890, un groupe d'entrepreneurs a cherché à continuer les travaux au moyen de l'actif restant et de ressources nouvelles à demander à l'épargne ; il y a renoncé ; — en novembre 1892, un M. Hiélard, industriel parisien, a voulu constituer une société avec le concours du liquidateur, M. Monchicourt ; cela n'a pas réussi ; — en janvier 1893, un groupe d'actionnaires et d'obligataires de la Compagnie en liquidation fit une tentative de reconstitution de société, laquelle serait commerciale ; cette tentative a avorté ; — le 27 février suivant, le Crédit Foncier se déclara, par l'organe de M. Georges Thiébaut, prêt à reprendre l'affaire si le gouvernement lui offrait les pouvoirs nécessaires ; le gouvernement fit la sourde oreille ; — dans la séance de la Chambre du 4 mars, M. Francis Laur préconisa la transformation de la Compagnie en une société nouvelle qui pourrait utiliser le matériel actuel à d'autres travaux susceptibles de lui apporter des bénéfices qui lui permettraient de reconstituer le capital nécessaire à la reprise du Canal ; on se montra indifférent.

Enfin, on sait que le délai de la concession expirait le 28 février 1893. Sur les instances de la liquidation, le gouvernement colombien a reculé cette échéance jusqu'au 28 mars de cette année.

D'ici là, verra-t-on intervenir une solution ?

Nous nous arrêtons ici, notre intention étant de mener notre travail jusqu'au verdict de la Cour d'assises, c'est-à-dire jusqu'au prononcé de la justice. Mais ce dénoûment judiciaire ne résout pas la question. On sent que l'Affaire du Panama n'a pas été éclaircie comme une simple affaire criminelle. Le *Journal des*

Débats disait ce matin même que des préoccupations et des arrière-pensées politiques y ont exercé trop d'influence. « Cette impression qu'il est difficile de préciser, mais qui est pourtant très nette, empêchera le public d'accueillir avec un semblant de complet soulagement l'arrêt qui vient d'être rendu. »

Le *Journal des Débats* a raison.

Paris, 22 mars 1893.

LES IMPLIQUÉS

En ce qui concerne *MM. Ferdinand* et *Charles de Lesseps, Marius Fontane, Henri Cottu* et *G. Eiffel*, il est superflu, pensons-nous, de leur consacrer une notice individuelle, leur action se développant assez dans la Partie historique qui précède, pour que le lecteur n'ignore rien de ce que le cours de l'Affaire a signalé à leur égard. Nous croyons donc pouvoir passer de suite aux autres noms qui ont été poursuivis.

Beaucoup de personnalités financières et politiques ont été impliquées dans l'affaire du Panama. Deux d'entre elles, *Jacques de Reinach* et l'ancien ministre *Barbe*, sont décédés. D'autres ont bénéficié d'un non-lieu.

Le rôle de Jacques de Reinach est, lui aussi, suffisamment relaté dans la même Partie historique qui précède, pour que nous puissions nous dispenser d'y revenir encore de façon spéciale.

Quant au défunt ministre, voici, dans l'Affaire de Panama, les faits qui le concernent :

M. Barbe fut de son vivant à la tête d'une Société pour l'exploitation de la dynamite. Lors de l'enquête sur les chèques-Thierrée, on découvrit qu'un M. Chevillard, porté comme ayant touché les chèques 5, 6, 7, 8 et 9, soit ensemble 550,000 francs, avait encaissé cette somme pour le compte de M. Barbe. Ce M. Chevillard, mandé par la commission d'enquête, déclara avoir été l'employé de feu M. Barbe et ces cinq chèques furent remis à son patron, le 17 juillet 1887, par le baron de Reinach. M. Chevillard fit entendre que M. Barbe avait fait servir cet argent dans l'intérêt de la Compagnie de Panama, mais un député de Seine-et-Oise, M. Vian, vint déposer que le défunt M. Barbe était un honnête homme et que cette allégation de son ancien employé ne reposait sur rien de précis.

On en était à ces assertions contradictoires, quand une constatation de M. Andrieux, suivie bientôt d'une déclaration de M. Charles de Lesseps, vint éclairer quelque peu la question.

Dans une lettre publique, M. Andrieux écrivit que, lors du premier projet de loi (lots) présenté en 1886 par le gouvernement, M. Barbe et avec lui MM. Le Guay et Germain Casse, tous trois membres du Parlement, se déclarèrent hostiles sans réserves. En 1888, cependant, ayant changé d'avis ils votèrent la loi. « Dès lors, se demanda M. Andrieux, ces 550,000 francs n'ont-ils pas été pour quelque chose dans ce revirement ? » — « C'est très possible déclara M. Ch. de Lesseps devant le juge d'instruction, attendu qu'à cette époque-là, M. Naquet, qui, avec MM. Barbe, Le

Guay et autres, formaient à la Chambre le groupe dit de la Dynamite, me recommanda le nommé Arton qui sut bientôt capter ma confiance et s'employa par la suite pour les intérêts de la Compagnie auprès de quantité de personnages politiques et autres. »

Mais ledit Arton, continuant de manquer à l'appel, la question ne se débrouilla pas.

Les impliqués qui ont tout d'abord bénéficié d'un arrêt de non-lieu rendu par M. le juge d'instruction Franqueville, chargé d'instruire le procès en corruption, furent MM. *Thévenet, Jules Roche* et *Emmanuel Arène.*

Voici les faits qui motivèrent leur poursuite :

M. MARIUS THÉVENET

Avocat. — Sénateur du Rhône. — Ancien ministre de la justice.

(*Chèque 17. — 25,000 francs.*)

Ce sénateur, ancien ministre de la Justice dans le cabinet-Tirard, en 1889, fut compris dans les poursuites demandées au Sénat le 20 décembre 1893.

L'accusation portée contre lui avait trait au chèque n° 17 (25,000 fr.) encaissé par un nommé Elouis, employé au *Siècle*, journal auquel M. Thévenet collaborait à cette époque.

Sur le talon de ce chèque, on avait trouvé marquée la mention *Thév.*

De là les poursuites.

Dès le lendemain, M. Thévenet monta à la tribune du Sénat et protesta en ces termes :

« La demande de M. le procureur général s'appuie sur un fait unique : les initiales de mon nom ont été trouvées sur un chèque touché en dehors de moi et encaissé hors de moi. Il semble à entendre cette demande que j'aurais été, sous le couvert de deux personnes étrangères, le véritable bénéficiaire du chèque. J'affirme que jamais, soit directement, soit indirectement, je n'ai touché un centime de la Compagnie de Panama ou d'un intermédiaire quelconque. J'affirme que je suis resté à la rédaction du *Siècle* pendant plusieurs mois et que je n'ai jamais touché un centime de rémunération dans ce journal. J'affirme enfin que, jusqu'à hier, aucun doute ne s'élevait sur le nom du véritable bénéficiaire du chèque. La commission d'enquête de la Chambre s'était occupée de le rechercher et la lumière lui avait paru faite dans des conditions suffisantes.

« Cela est si vrai que je n'ai jamais été appelé devant elle. Je crois pouvoir dire, d'ailleurs, qu'il eût suffi du témoignage de deux personnes et d'une simple vérification de comptes pour savoir que le montant du chèque ne m'était point destiné. Cette vérification n'a pas été faite. (*Mouvements*).

« Je viens demander au Sénat acte de ma protestation. Je viens lui affirmer que si, à plusieurs reprises, j'ai défendu les intérêts des porteurs de Panama, je l'ai toujours fait avec désintéressement, sans obéir à autre chose qu'aux inspirations de ma conscience.

« Messieurs, j'ai appartenu au barreau pendant vingt-deux ans, et pendant ces vingt-deux années, nul n'a pu mettre en doute mon honorabilité, ma loyauté. J'ai occupé le pouvoir dans des circonstances que je n'ai pas besoin de rappeler. Je crois y avoir fait mon devoir sans forfanterie comme sans faiblesse. En somme, depuis vingt-deux ans, je vis au grand jour, étranger aux affaires financières, uniquement occupé de ma profession et des travaux du Parlement.

« La poursuite, ou, si l'on veut, l'incrimination dont je suis l'objet, me laisse donc sans crainte sur son issue.

J'irai la tête haute devant toutes les juridictions où l'on jugera à propos de me conduire. Je n'ai qu'un vœu à formuler, c'est celui d'être appelé sans délai devant le juge d'instruction, qui rendra, dans sa conscience, une décision que je ne redoute pas.

« Mais je n'ai pas voulu attendre d'avoir franchi ces douloureuses étapes pour apporter à la tribune l'expression des sentiments qui m'animent. Messieurs, je vous atteste, sur l'honneur, que vous avez devant vous un collègue qui n'a pas cessé d'être un honnête homme. » (*Très bien! très bien! et applaudissements sur divers bancs*).

A la séance suivante, un collègue de M. Thévenet, M. Dupuy, qui, en 1888, était le propriétaire du *Siècle*, affirma à la tribune que le chèque de 25,000 francs attribué à M. Thévenet, avait été remis au journal le *Siècle* pour prix de sa publicité et que M. Thévenet n'avait rien touché de cette somme.

Après avoir examiné le cas de M. Thévenet, le juge d'instruction reconnut l'exactitude de cette affirmation et mit, le 27 janvier, le sénateur poursuivi hors de cause.

M. JULES ROCHE

Journaliste. — Député de la Savoie. — Ancien ministre du commerce et de l'industrie.

(*Chèque* 24. — 20,000 *francs.*)

Ce chèque fut touché par M. Paul Schmitt qui déclara l'avoir encaissé pour le compte de la Société de garantie des chemins de fer des Colonies françaises, dirigée par Jacques de Reinach.

Son talon portait les initiales J. R.

Désigné comme étant le bénéficiaire de cette somme, et compris pour ce motif dans les poursuites demandées à la

Chambre, M. Jules Roche protesta, en séance du 22 décembre :

« ... Un ami est venu m'annoncer, à ma profonde stupéfaction, la demande adressée contre moi, au nom du gouvernement, et la décision que vous aviez prise.

« Ce n'est pas le moment ni le lieu d'instituer un débat sur ce point. Je ne sais à quelles machinations, à quelles délations, à quels ennemis j'ai affaire. Ce que je sais, c'est que ma conscience est bien tranquille. Depuis que j'ai l'âge d'homme, en effet, j'ai servi avec conviction, avec fidélité, avec travail, la cause de la démocratie et de la République. Ce que je sais, c'est que les procédés qui ont été employés hier contre moi sont contraires à tous les principes de justice en vigueur depuis cent ans. Ce que je puis faire, c'est de donner ici un démenti formel aux calomnies dirigées contre moi, calomnies d'autant plus absurdes que je n'ai pas voté la loi relative à l'émission des obligations de Panama. »

L'instruction ne fit découvrir rien de répréhensible contre M. Jules Roche et il fut également mis hors de cause.

M. EMMANUEL ARÈNE

Journaliste. — Député de la Corse.

(Chèque 23. — 20,000 francs.)

M. Orsatti, qui encaissa ce chèque, déclara que cette somme de 20,000 francs représentait un ensemble d'honoraires à lui payés par Jacques de Reinach qui l'avait chargé de faire de la propagande pour le Panama.

Mais, le lendemain de cette déclaration, l'*Intransigeant* fit courir le bruit « que M. Orsatti, Corse d'origine, l'ami et l'agent électoral d'un député connu de son département, aurait agi pour le compte de ce dernier. »

Sur ces entrefaites, on avait appris la destruction des talons des chèques (voir plus haut) et voici que la *Libre Parole* annonça que sur ces talons se trouvaient des initiales et des abréviations syllabaires qui pourraient se rapporter à MM. Rouvier, Thévenet, Devès, Jules Roche et Emmanuel Arène (E. A.).

Tout aussitôt, M. Arène dépêcha deux témoins à la rédaction du journal accusateur.

Mais déjà, à la séance de la Chambre de ce jour-là, un député de Nancy, M. Gabriel, venait d'avoir une altercation avec M. Arène. Celui-ci provoqua M. Gabriel qui refusa de s'aligner avant que M. Arène eût fait la preuve de son honneur devant la commission d'enquête. Cependant, à la suite d'un violent article publié par M. Arène, dans le *National*, contre M. Gabriel, celui-ci alla sur le terrain et deux balles furent échangées sans résultat.

Quant à son cartel envoyé à la rédaction de la *Libre Parole*, M. Emmanuel Arène apprit que l'auteur de la note sur les souches était M. Andrieux, l'ancien préfet de police qui, retiré de la scène politique, depuis longtemps, y faisait ainsi inopinément sa rentrée. Celui-ci répondit à la provocation qu'il était prêt à accorder à M. Arène une réparation par les armes, mais à la condition qu'une réserve fût insérée au procès-verbal par laquelle M. Andrieux maintiendrait son droit de faire ultérieurement la preuve du cas qu'il avait divulgué sur M. Arène. Celui-ci n'accepta pas cette condition : il voulait que M. Andrieux fît la preuve immédiatement ou, sinon, qu'il se battît sur l'heure.

Les choses en étaient là quand survint la demande en autorisation de poursuites contre le député de la Corse. M. Arène formula sa protestation à la Chambre, en séance du 20 décembre, en ces termes :

« Messieurs, je ne viens pas m'opposer, vous le pensez bien, à la demande en autorisation de poursuites ; je ne peux pas non plus m'y associer. Elle est déposée, je m'incline devant elle.

« Je veux dire simplement à mes amis, à ceux du dedans comme à ceux du dehors, j'espère qu'on en conserve, même au milieu des pires épreuves, — que partout où l'on voudra me mener je passerai le front haut, car je suis absolument innocent du soupçon que l'on fait peser sur moi. Je n'ai pas derrière moi un grand passé politique ; je n'ai jamais été qu'un soldat modeste et dévoué de mon parti ; je l'ai constamment servi de toutes mes forces et j'ai toujours soutenu de mon mieux ceux-là mêmes des chefs qui m'envoient aujourd'hui brusquement, sans que je m'y sois attendu, une balle en pleine poitrine.

« Ce que je veux dire, c'est qu'à côté de mon mandat de député, de ce mandat dont on paraît faire dans la circonstance actuelle bien peu de cas (*très bien ! très bien ! sur divers bancs*), j'ai depuis quinze ans et plus ma plume de journaliste, et que si j'avais été un homme à vendre, c'est elle que j'aurais pu prostituer, mettre au service de certaines affaires financières ou autres. Je ne l'ai jamais fait. Et cette justice, je suis convaincu que dès à présent, sans que j'aille devant n'importe quelle juridiction, mes confrères de la presse — ceux qui m'écoutent là-haut — me la rendront sur l'heure. A mes collègues, je ne puis rien demander aujourd'hui, mais je suis bien certain aussi qu'à leur tour, ils me rendront justice quand j'aurai traversé victorieusement les tourmentes de l'heure présente.

« Quant à ceux de là-bas, quant à mes compatriotes, à mes électeurs, je n'ai rien à leur dire. Ils me connaissent, je les connais. Cela suffit ! » (*Applaudissements sur divers bancs*).

Après instruction, M. Emmanuel Arène bénéficia du non-lieu que rendit M. le juge Franqueville, le 27 janvier suivant.

Cependant, M. Andrieux, qui pendant la période des poursuites, n'avait pas cessé de susciter des ennuis au député de la Corse, ne désarma point devant ce non-lieu. M. Arène ayant, d'ailleurs, pris les devants pour dire, par la voie d'un journal, que M. Andrieux s'était conduit à son égard d'une façon absolument méprisable, celui-ci répéta publiquement qu'il refusait de se battre avec M. Arène, mais qu'il reprenait contre lui son accusation : « D'avoir trafiqué de son mandat de député, d'être le véritable bénéficiaire d'un chèque de 20,000 francs et de dissimuler sa personne sous le nom de son compatriote et ami Orsatti ». Après quoi, si M. Arène persistait à ne pas vouloir poursuivre M. Andrieux pour diffamation devant le jury de la Seine, ce serait, lui, Andrieux, qui traînerait M. Arène en cour d'assises.

En même temps qu'au député de la Corse, M. Andrieux adressa le même défi à M. Rouvier qui, on le verra plus loin, venait de bénéficier à son tour d'un arrêt de non-lieu.

« En vérité, ajouta ironiquement M. Andrieux, il est bien difficile de décider ces victimes de la calomnie à prouver leur innocence. »

Cependant, M. Arène ne voulant toujours pas entendre parler de Cour d'assises, se mit à traiter la question sur le terrain du journalisme. Il publia contre son adversaire, dans le *National*, trois articles d'une violence extrême. Jugeant ces écrits injurieux et diffamatoires, M. Andrieux demanda à la Chambre l'autorisation de poursuivre M. Arène en police correctionnelle.

La Chambre refusa.

Là se termina, pour le moment, l'affaire Arène-Andrieux.

M. le juge d'instruction Franqueville renvoya, le 27 janvier, devant la chambre des mises en accusation, MM. Baïhaut, Rouvier, Devès, Antonin Proust, Léon Renault, Albert Grévy, Béral, Dugué de la Fauconnerie, Sans-Leroy, Gobron, Charles de Lesseps, Henri Cottu, Marius Fontane, Blondin et Arton, sous l'inculpation d'avoir, depuis moins de dix ans, à Paris, commis le crime de corruption de fonctionnaires ou de s'être rendus complices dudit crime.

Le 7 février suivant, la chambre des mises en accusation, présidée par M. Bérard des Glajeux, rendit, sur le rapport de M. le substitut Laffon, une ordonnance de non-lieu en faveur de *MM. Albert Grévy, Léon Renault, Rouvier, Devès* et *Henri Cottu*.

Voici pourquoi ces personnes avaient été impliquées :

M. ALBERT GRÉVY

Avocat. — Sénateur inamovible. — Ancien gouverneur général de l'Algérie. — Frère de feu Jules Grévy, ancien président de la République.

(*Chèque 13. — 20,000 francs.*)

M. Albert Grévy reconnut avoir encaissé ces 20,000 francs pour son compte. Il était le conseil judiciaire de Jacques de Reinach pour beaucoup d'affaires et n'avait jamais réclamé d'honoraires. Jacques de Reinach l'avait intéressé dans son syndicat du Panama, et en lui comptant une part de bénéfices de 20,000 francs, M. Albert Grévy a supposé que Jacques de Reinach voulait de cette façon délicate le rémunérer de ses services.

Compris dans les poursuites autorisées par le Sénat le 20 décembre, M. Albert Grévy déclara le surlendemain à la tribune qu'il était prêt à fournir à la justice toutes les explications qu'elle pourrait lui demander. En attendant, il protesta contre l'accusation elle-même qu'il envisageait seulement en fait, non au point de vue de savoir si les articles visés par le procureur général pouvaient, pour la première fois, être appliqués à des membres du Parlement.

Il résuma ensuite devant le Sénat les explications déjà fournies par lui à la Commission d'enquête :

« J'ai déclaré à la commission d'enquête, et je déclare devant le Sénat que jamais, ni directement ni indirectement, je n'ai eu aucune espèce de rapports avec le Panama. Je déclare que je n'ai participé que par mon vote individuel à l'élaboration de la loi de 1888. Et j'ai dit comment plus tard j'avais, non pas accepté une participation dans un syndicat financier, mais simplement reçu à titre purement rémunérateur et privé une somme que je devais croire appartenir à celui qui me l'adressait.

» Ce que j'ai fait, je l'ai fait simplement, de bonne foi, ouvertement, puisque j'ai constaté, par ma signature même, que l'idée d'un acte répréhensible n'était pas venue à ma pensée. Pour juger un acte équitablement, il faut se reporter à l'époque où il est intervenu.

» *M. Desprez.* — Nous ne sommes pas juges!

» *M. Albert Grévy.* — En 1888, qu'était-ce donc que le Panama? Pour le Gouvernement, pour les Chambres, pour l'opinion publique, n'était-ce pas une grande entreprise qu'il fallait à tout prix soutenir? Que dis-je? N'était-ce pas une œuvre nationale, éminemment française, et comme un autre Suez?

» Et maintenant, parce que les choses ont mal tourné, est-il juste de venir, au bout de cinq années, dénaturer les faits et incriminer le rôle et les intentions de ceux qui n'en peuvent mais? »

La chambre des mises en accusation trouva que les allégations de M. Albert Grévy sur la nature de ses relations avec Jacques de Reinach et les services qu'il avait pu lui rendre, n'étaient contredits par aucun des éléments de l'information ; que les conditions dans lesquelles il avait acquitté le chèque paraissaient au contraire les confirmer; et qu'enfin il n'était établi contre lui aucun lien entre le vote émis par lui en 1888 et la remise du chèque.

Dans ces conditions, la prévention ne paraissant pas suffisamment établie à son égard, M. Albert Grévy fut renvoyé, le 7 février, des fins de la poursuite.

Le lendemain de sa mise hors de cause, il adressa à M. Monchicourt, liquidateur de la Compagnie, une somme égale au montant du chèque qu'il avait encaissé en 1888.

M. LÉON RENAULT

Avocat. — Sénateur des Alpes-Maritimes. — Ancien préfet de police.

(*Chèques 14 et 15. — 25,000 francs.*)

La commission d'enquête convoqua M. Léon Renault au sujet de ce chèque qu'on avait trouvé à son nom.

Il expliqua qu'il avait, en effet, reçu de Jacques de Reinach, en juin 1888, une somme de 25,000 francs en deux chèques, et cela comme dédommagement d'une perte d'argent (55,000 fr.) qu'il avait subie en prenant des actions dans une entreprise (la Société de Bellevue) que J. de Reinach lui avait indiquée comme excellente, mais qui n'avait pas réussi. Pour atténuer cette perte, J. de Reinach avait alors intéressé M. Léon Renault dans la part qu'il avait dans le syndicat formé en vue de garantir la souscription des obligations à lots émise à cette époque par la Compagnie de Panama. Et ces 25,000 francs représentaient tout simplement la part de bénéfices réalisée par J. de Reinach au profit de M. Renault.

Le 20 décembre, M. Renault fut compris pour ce motif dans les poursuites autorisées par le Sénat. Dans la séance du 23, il demanda la parole pour faire une déclaration. Après avoir répété ce qu'il avait dit devant la commission d'enquête, M. Renault s'exprima en ces termes :

« Non seulement j'ai mis à la disposition de la commission d'enquête les pièces justificatives de mes déclarations, mais je l'ai instamment priée de vouloir bien les vérifier sur un point essentiel par l'audition de l'honorable liquidateur judiciaire de la Société de Bellevue. A mon grand regret, la commission d'enquête, surchargée de travail, n'a pas pu donner satisfaction encore à ma légitime requête.

« Dans la soirée du 19 décembre, j'ai reçu de M. Franqueville une citation à comparaître comme témoin dans l'instruction criminelle ouverte contre mon ami, M. Charles de Lesseps et d'autres personnes. J'allais, enfin, dans les conditions voulues par la loi, sous la foi du même serment que j'avais prêté devant la commission d'enquête, renouveler, fortifier mes premières déclarations et répondre à toutes les questions qui me seraient adressées par le magistrat instructeur. La citation m'était donnée pour le 21 décembre à midi. La demande en autorisation de poursuites qui, la veille, avait été déposée par M. le procureur général, a mis obstacle à ma comparution comme témoin devant le magistrat instructeur. Je ne connais pas les raisons qui ont dicté la résolution de M. le procureur général, je n'ai pas à les rechercher, je n'ai pas, quant à présent, à les juger. »

Le 7 février, la Chambre des mises en accusation mit M. Léon Renault hors de cause.

Son arrêt de non-lieu porta que, si M. Renault, sénateur, avait prononcé, dans la séance du 4 janvier 1888, un discours en faveur du projet de loi et voté ensuite pour son adoption, il soutenait que son discours et son vote étaient étrangers à la remise des chèques. Suivait l'explication des terrains de Bellevue dans laquelle opération M. Renault avait réellement perdu 48,000 francs (devant la commission d'enquête il parlait de 55,000) que J. de Reinach lui avait, en effet, remboursés au moyen des chèques susvisés.

M. PAUL DEVÈS

Avocat. — Sénateur du Cantal. — Deux fois ministre.
(Chèque 20. — 20,000 francs.)

La commission d'enquête reçut une lettre d'un M. Castelbon, à ce moment à Gênes, en Italie, qui lui apprit que ce chèque avait été touché par lui, Castelbon, pour des services éventuels et que la somme provenait d'une personne très riche. M. Castelbon ajoutait qu'il ignorait absolument qu'il y avait du Panama en cette affaire.

Le lendemain, la *Libre Parole* dénonça M Devès comme le bénéficiaire de cette somme de 20,000 francs.

M. Devès fut entendu par la commission. Il reconnut qu'il avait reçu ce chèque de Jacques de Reinach qui le lui avait remis pour en affecter le montant à la fondation d'un journal, la *Nouvelle Presse*, dont M. Castelbon devait être et fut le directeur. M. Devès avait versé intégralement cette somme pour cet usage, et, d'après lui, il n'y avait dans cette affaire rien de commun avec celle du Panama. Le talon de ce chèque portait l'inscription *Dev.*

Le 20 décembre 1892, il fut compris pour ce motif dans une demande de poursuites autorisée par le Sénat contre lui et quatre de ses collègues. Dans la séance du 23, M. Devès protesta contre l'accusation dont il était l'objet et demanda, en ce qui le concernait, la suspension parlementaire immédiate, afin de pouvoir s'expliquer tout de suite :

« Je ne veux prononcer ici aucune parole amère, dit-il, ni rechercher dans quelles conditions inouïes, après une carrière qui a pu être sans éclat, mais qui n'a pas été sans honneur, je me vois dénoncé aux rigueurs de l'opinion publique.

» Le Sénat peut être certain qu'il ne restera rien des suspicions auxquelles je suis mêlé. J'ai toujours été étranger aux affaires de la Compagnie de Panama, je n'ai jamais rien reçu d'elle, je ne me suis jamais occupé du vote de la loi qui l'intéressait, et ce vote a eu lieu pendant mon absence. Mais ce n'est pas l'heure de discuter une accusation qui n'a pas trouvé sa formule. J'ai confiance dans la justice de mon pays. Ma vie, messieurs, que vous connaissez, ma vie de travail, de probité n'a connu aucune défaillance. Mes chers et honorés collègues, je suis resté digne de vous. » (*Très bien ! très bien ! et applaudissements.*)

Quelques jours après, le 29 décembre, M. Castelbon, revenu à Paris, déposa à son tour devant la commission d'enquête :

Il déclara qu'il ne connaissait M. Devès que depuis 1885, lui ayant sollicité à cette époque d'apostiller une demande pour une sous-préfecture d'Algérie. Quant au chèque, il déclara que M. Devès le lui avait remis en disant qu'il provenait d'un gros capitaliste dont il ne prononça point le nom et que cette somme était en effet destinée à aider à la fondation de la *Nouvelle Presse*. Mais la constitution de la société du journal ne se fit pas et M. Castelbon avait rendu 15,000 francs à M. Devès, sans demander de reçu. Plus tard, le journal ayant paru quand même, M. Devès avait de nouveau versé ces 15,000 francs en échange d'actions nominatives.

M. Devès fut renvoyé devant la chambre des mises en accusation qui rendit en sa faveur une ordonnance de non-lieu, l'instruction, disait l'arrêt, ayant établi que M. Devès n'avait tiré aucun profit personnel de ces 20,000 francs. D'autre part, M. Devès avait établi qu'il se trouvait en Russie pendant que le Sénat était saisi du projet de loi de l'émission. Son nom, pourtant, figurait parmi les sénateurs qui avaient émis un vote favorable, mais il résultait des éléments de l'information qu'un sénateur du Cantal, M. Cabannes, avait mis dans l'urne un bulletin au nom de M. Devès sans avoir reçu aucune instruction de ce dernier. M. Cabannes, aujourd'hui décédé, avait eu occasion de déclarer avant sa mort dans quelles conditions il avait voté avec le nom de son collègue.

Pendant l'instruction, les journaux à informations publièrent la situation, dans des sociétés financières et industrielles, de plusieurs impliqués du Panama. Celle de M. le sénateur Devès est si « fournie » que nous nous reprocherions de ne pas la reproduire :

Donc, à l'heure où paraissent ces pages, M. Paul Devès est membre du conseil d'administration :

1° Du Crédit foncier ; 2° de la Compagnie Bône-Guelma ; 3° de la Compagnie foncière de France ; 4° de la Compagnie des Forges de Châtillon et Commentry ; 5° de la Société de l'éclairage au gaz de Marseille ; 6° de la Compagnie des chemins de fer (voie étroite) du Midi ; 7° de la Compagnie Commerciale (guano) de France ; 8° de la Compagnie du chemin de fer de Périgord; 9° de la Compagnie des chemins de fer économiques du Nord ; 10° de la Société de l'Habra-Macta...

Arrêtons la liste et disons en passant qu'il vaudrait peut-être mieux pour notre législature que les membres du Parlement fussent exclusivement ou députés ou sénateurs.

M. MAURICE ROUVIER

*Financier. — Député des Alpes-Maritimes.
Six fois ministre.*

(*Chèque 25. — 20,000 francs.*)

On a vu plus haut, dans la Partie historique, les faits relatifs à la démission de M. Rouvier comme ministre des finances.

Arrivons au chèque 25. Le tableau le porte au nom du Crédit Mobilier. Il fut encaissé par un banquier établi à Paris, M. Vlasto, qui, d'après la liste produite par M. Andrieux, en a encaissé d'autres de valeur diverse. D'après l'instruction, cependant, une note de Jacques de Reinach portait :

« 50,000 francs touchés par Rouvier, acquittés par un garçon de recettes du Crédit Mobilier, dont M. Vlasto est le président. »

Quoiqu'il en soit, M. Vlasto vint déclarer à la commission d'enquête que cette somme représentait sa part de bénéfices dans le syndicat Jacques de Reinach qui lui avait alloué cette part en rémunération de sa collaboration au plan de l'emprunt à lots.

Mais, quelques jours après, la découverte des talons mit en cause M. Rouvier, les premières lettres de son nom, *Rou*... ayant été trouvées inscrites sur un de ces talons. Des poursuites furent décrétées contre lui et, le jour même de leur demande en autorisation, le 20 décembre, l'ex-ministre des finances monta à la tribune de la Chambre. Il entra sans trop de préambules dans le vif du débat :

M. Maurice Rouvier. — « L'incident dont il s'agit, tout le monde le connaît. J'ai entendu ici un jour M. Delahaye formuler une sorte de réquisitoire étrange dans lequel il insinuait que je pouvais bien être le bénéficiaire d'un chèque. La commission d'enquête a commencé à rechercher des preuves, des présomptions. Elle est allée au Crédit Mobilier. Ce chèque avait été encaissé par un garçon de recettes de cet établissement. Elle a demandé s'il avait été encaissé, comme on le prétendait, clandestinement et si le nom du bénéficiaire devait rester ignoré depuis la mort du malheureux qui l'avait endossé. On a répondu que non ; on a dit que c'était une opération qui se fait tous les jours dans les banques et que ce chèque figurait au crédit du compte de M. Vlasto.

« La commission d'enquête n'a pas borné là ses investigations ; elle a recherché si dans une période déterminée il y avait une contre-passation d'écritures, si on avait passé ce chèque du crédit de M. Vlasto à celui d'une autre personne. Le hasard eût pu faire qu'il y eût des sommes concordantes sans que pour cela il en résultât que le chèque fût venu dans mes mains. Mais on n'a rien trouvé ; il a été constaté que, matériellement, le chèque avait été encaissé au crédit de M. Vlasto et que cette personne en était restée matériellement le bénéficiaire.

« Je fais appel aux trois membres de la commission d'enquête qui sont allés au Crédit mobilier, et je les somme de dire si je mens, si je ne dis pas l'exacte vérité.

« *M. Bigot.* — C'est la vérité ! »

Après avoir fait observer que, dans cette affaire, ce n'est pas seulement le député, l'homme politique qu'on allait jeter à la malignité publique, mais aussi le chef du gouvernement qu'il avait eu l'honneur d'être à une époque difficile (en 1887), *M. Rouvier* reprend :

... « Oui, j'ai été le chef du gouvernement et je n'ai pas trouvé dans les moyens que les Chambres mettent à la disposition de ceux qui ont l'honneur de diriger les affaires publiques, dans les temps difficiles que j'ai traversés, je n'ai pas trouvé les ressources financières nécessaires pour conduire cette œuvre.

« Et on apprend aujourd'hui paraît-il, à ce pays — on le sait partout ailleurs — qu'à côté des hommes politiques il y a des financiers qui, quelquefois, donnent leur concours, quand cela est nécessaire, pour la défense du gouvernement ! — Oui, je n'ai pas trouvé dans les fonds secrets les ressources dont j'avais besoin et j'ai fait appel à la bourse de mes amis. On accuse quelquefois les hommes politiques d'avoir emporté des fonds secrets : eh bien, vous voyez devant vous un homme qui non seulement ne les a pas emportés, mais qui a emprunté à ses amis pour faire face à l'insuffisance de ces fonds...

... « Croyez-vous que les choses se seraient passées autrement sous un autre gouvernement? croyez-vous que vos hommes d'État gouvernaient autrement que les nôtres? Vraiment, qui compte-t-on tromper? Comment! on a l'air de découvrir, à la fin de notre dix-neuvième siècle, que pour gouverner il faut de l'argent et que, quand les Chambres n'en donnent pas suffisamment, on est bien heureux d'en trouver par ses relations personnelles! (*Rumeurs sur divers bancs.*)

« Vous vous méprenez, messieurs, ou je m'explique bien mal, si mes paroles ne sont pas comprises. Croyez-vous qu'on ait corrompu qui que ce soit? Non! Je parle d'opérations de publicité que j'ai eu à faire et qui ont nécessité l'aide, le concours d'amis personnels. Je leur ai emprunté ; je leur ai rendu une partie de ce qu'ils m'avaient prêté. Je dis « moi »; mais c'est le gouvernement tout entier que je dirigeais qui a rendu la plus grande partie à mesure que les crédits mensuels mettaient des ressources à notre disposition.

« De cette réunion des concours personnels donnés à mon gouvernement, il a pu résulter un réglement ultérieur entre financiers. Mais qu'avais-je à faire là-dedans? Ne pouvait-on pas me demander tout cela dans le secret de l'instruction, devant le magistrat instructeur? Pourquoi me forcer à donner des explications de cette nature devant cette Assemblée ? J'y suis pourtant contraint, car si j'ai fait à mon parti, à mon pays le sacrifice de ma liberté et de ma vie, il y a un sacrifice que je ne puis lui faire : c'est celui de l'honneur de mon nom, que je veux léguer, que je croyais léguer non seulement respecté, mais encore rappelant le souvenir de quelques services rendus à la Patrie. Si vous voulez effacer tout cela en ce jour, effacez-le ! Mais laissez-moi vous dire la vérité tout entière sans réticence, parce que je ne veux pas qu'aucune souillure puisse m'atteindre : ce que j'ai fait, tous les hommes politiques dignes de ce nom l'ont fait avant moi. (*Bruit à droite.*)

« Oui, dans tous les pays, dans tous les temps, tous les hommes politiques ont fait, avec le concours d'amis qui assurément ne rendaient pas un service inavouable, les opérations qui sont nécessaires quand on traverse les temps difficiles. (*Interruptions sur divers bancs à gauche.*)

« Quant à ceux qui m'interrompent, — j'ignore qui ils sont — s'ils avaient été autrement défendus et servis, peut-être ne seraient-ils pas sur ces bancs à l'heure qu'il est. (*Exclamations à droite.*)

« *M. Bigot.* — Nous prenons acte de ces paroles.

« *M. Maurice Rouvier.* — Encore une fois, messieurs, il me semble que ce que je dis n'a rien qui puisse soulever vos interruptions. Il s'agit, je le répète, d'opérations de publicité qu'il faut bien pouvoir faire le jour même ; lorsqu'on n'a pas, par devers soi et en bloc les sommes dont on a besoin, on est bien heureux, tout au moins, de trouver des personnalités qui les avancent. C'est le règlement d'un solde de ce genre qui a pu donner lieu à l'inscription dont il s'agit. Toutes ces choses, je le répète, je n'aurais pas mieux demandé que de les dire dans le secret de l'instruction ; mais, devant la situation qui m'était faite, tout le monde comprendra, sans que j'aie à évoquer ce que j'ai pu faire dans ces circonstances assurément difficiles, qu'il ne m'était pas possible, fût-ce une heure, fût-ce une minute, de rester sous ce coup.

« Et maintenant j'ai dit. J'irai devant toutes les juridictions, devant la commission d'enquête, devant qui vous voudrez, le front haut, car il n'est pas vrai que jamais, à aucun moment, j'aie bénificié d'aucune libéralité venant d'une compagnie financière quelconque. » — (*Mouvements divers.*)

Trois jours plus tard, à la séance du 23 décembre, amené de nouveau à parler de son cas, M. Rouvier dit que le gouvernement, dont il était alors le chef, avait emprunté d'abord 100,000 francs et ensuite 50,000 au banquier Vlasto, ami personnel de M. Rouvier, sommes remboursables sur les échéances des fonds secrets. Cette dernière somme de 50,000 francs, bien que due par le cabinet-Rouvier, fut remboursée par Jacques de Reinach, qui, au dire de M. Rouvier, régla de cette façon un compte financier qu'il avait avec M. Vlasto. M. Rouvier estima que Jacques de Reinach, en apprenant qu'il y avait ce découvert entre le gouvernement et le banquier prêteur, se sera apparemment entendu avec M. Vlasto pour couvrir celui-ci à l'aide d'une des opérations qu'il ferait.

D'après l'arrêt de la Chambre des mises en accusation devant laquelle M. Rouvier fut renvoyé, la version devint celle-ci (nous copions textuellement) :

« Rouvier n'a reçu aucun chèque de Reinach sur les
» fonds attribués à celui-ci par la Compagnie du Panama,
» il n'en a encaissé aucun. On lui objecte seulement que
» les trois premières lettres de son nom sont inscrites sur
» le talon de l'un des chèques et que la photographie de la
» note dictée par de Reinach à Stéphane porte cette men-
» tion : « 50,000 francs touchés par Rouvier, acquittés par
» un garçon de recettes du Crédit Mobilier, dont le sieur
» Vlasto est président.

» D'après la prévention, Vlasto ayant prêté, en 1887, une
» somme de 50,000 francs à Rouvier et celui-ci se trouvant
» ainsi débiteur personnel de Vlasto, de Reinach avait
» libéré Rouvier vis-à-vis de Vlasto en adressant à ce der-
» nier, en juillet 1888, le chèque de 50,000 francs.

» Rouvier a établi qu'il n'était pas le débiteur de Vlasto.
» En 1887, Vlasto avait mis à sa disposition, alors qu'il
» était ministre des finances et président du conseil, une
» somme de 50,000 francs pour des besoins politiques,

» sans que Rouvier eût pris aucun engagement de le rem-
» bourser dans le cas où le ministère serait tombé avant
» que les mensualités des fonds secrets aient pourvu au
» remboursement.

» Vlasto reconnaît avoir accepté cette situation.

» Ce prêt, fait en 1887, ne saurait, à raison de la date à
» laquelle il se place, avoir aucune relation avec le vote de
» la loi du Panama, qui a eu lieu en avril 1888.

» Vlasto avait fait de cette dette son affaire personnelle,
» et il en a été remboursé, en 1888, par de Reinach, à la
» suite de pourparlers successifs et d'un règlement intervenu
» entre de Reinach et Vlasto, et auquel il n'est pas établi
» que Rouvier ait pris part.

» A la suite de ce règlement, le chèque a été remis direc-
» tement à Vlasto et touché par un employé de sa maison ;
» il a été encaissé et porté au crédit personnel de Vlasto.
» Rouvier paraît avoir connu ce remboursement, mais
» néanmoins aucun lien n'existe entre la remise du chèque
» à Vlasto en juillet 1888, et le vote de Rouvier dans l'affaire
» du Panama au mois d'avril précédent, seul point de vue
» auquel la Cour ait à se placer pour apprécier les charges
» relevées par la prévention contre Rouvier, et qui ne parais-
» sent pas établies. »

M. Rouvier bénéficia d'une ordonnance de non-lieu. Mais cela n'empêcha pas cette affaire « de règlement de compte » entre Jacques de Reinach et M. Vlasto (1), au profit de M. Rouvier, de rester inexpliquée.

Un député, M. Pierre Richard, la remit sur le tapis, le 8 février, à la Chambre sous forme d'une proposition de loi tendant à ouvrir au ministère un crédit de 50,000 francs aux fins de restituer cette somme à la Compagnie. La Chambre vota l'urgence et nomma une commission *ad hoc*.

---

(1) Ce M. Vlasto a été fait, à titre étranger, en 1885, chevalier de la Légion d'honneur, et officier en 1887 (l'année où son ami M. Rouvier fut président du conseil). Au moment de l'affaire du Panama on le trouve, quoique étranger, vice-président de notre Comptoir national d'escompte.

Occupons-nous maintenant des impliqués que la justice a retenus en cause et que la chambre des mises en accusation renvoya, avec MM. Charles de Lesseps et Marius Fontane, devant la Cour d'assises : *MM. Sans-Leroy, Baïhaut, Blondin, Dugué de la Fauconnerie, Antonin Proust, Béral, Gobron et Arton.*

M. SANS-LEROY

Avocat. — Ancien député de la Haute-Garonne en 1885-1889.

Nous avons vu plus haut (page 28) que, dans son interpellation à la Chambre, M. Delahaye fit allusion à la corruption d'un député dont le vote fit pencher la majorité de la commission chargée d'examiner le projet de loi pour l'émission (valeurs à lots) de 1888.

Ce député était M. Sans-Leroy, élu à Toulouse en 1885 et qui, aux élections de 1889, ne s'était plus représenté.

Devant la commision d'enquête parlementaire, MM. Salis et Horteur, députés, qui en 1888 firent partie de cette commission d'examen, déclarèrent qu'il y avait six commissaires *hostiles* au projet de la loi : MM. Félix Faure, Horteur, Chantagrel, Rondeleux, Salis et *Sans-Leroy*, et cinq *favorables* : MM. Henry Maret, Sarlat, Le Guay, Saint-Martin (Vaucluse) et Pesson. Le rapporteur, M. Rondeleux, fut chargé de faire un rapport défavorable sur tous les points et de conclure au rejet pur et simple. Mais, quelques jours après, au moment où le rapporteur donnait lecture de son travail et où la commission allait statuer, M. Sans-Leroy, jusqu'alors défavorable au projet, changea brusquement d'opinion et contribua par son vote à faire repousser les conclusions du rapport Rondeleux.

M. Rondeleux vint corroborer ces déclarations devant la commission d'enquête, laquelle n'appela pas Sans-Leroy qui fut, d'ailleurs, mis en état d'arrestation, le 16 décembre 1892, en compagnie de MM. Charles de Lesseps et Marius Fontane. (On sait que M. Henri Cottu vint se constituer également prisonnier quelques jours après.)

Le cas de M. Sans-Leroy relevait donc désormais du juge d'instruction. Celui-ci, le 7 février suivant, remit son dossier à la chambre des mises en accusation qui renvoya l'inculpé devant la Cour d'assises. M. Sans-Leroy se pourvut contre ce renvoi en se basant sur l'article 13 de la Constitution qui déclare que les sénateurs et députés ne pourront jamais être recherchés ou poursuivis à raison de leurs opinions ou de leurs votes. Mais, le 24 février, la Cour de cassation rejeta son pourvoi pour ce motif que l'inculpé n'était nullement poursuivi à raison des votes qu'il avait émis, mais parce qu'il aurait reçu des sommes pour faire convertir en loi une proposition présentée par la Compagnie de Panama.

On a vu plus haut, au chap. xxx de l'*Historique*, tout ce qui se rapporte à M. Sans-Leroy pendant les débats en Cour d'assises.

M. LÉOPOLD BLONDIN

Fondé de pouvoirs au Crédit Lyonnais et chef du service des comptes spéciaux de cet établissement.

En 1886, à l'époque où la Compagnie de Panama poursuivait son projet d'obligations à lots, M. Blondin était chef de la publicité au Crédit Lyonnais. Parmi ses amis il comptait M. Baïhaut, alors ministre des travaux publics, qui, on le verra ci-après, mit la Compagnie en demeure de lui compter un million pour que lui, ministre, consentît à déposer sur le bureau de la Chambre le projet de loi en question.

Des investigations faites par M. le juge d'instruction

Franqueville, il résulta que M. Blondin passait pour avoir servi de truchement entre son ami le ministre et la Compagnie, dans cette affaire de pur chantage. Le juge d'instruction confronta aussitôt M. Blondin avec MM. Charles de Lesseps, Fontane et Cottu et ordonna, le 4 janvier 1893, son incarcération à Mazas. On avait trouvé, en effet, dans la comptabilité de la Compagnie une somme de 500,000 francs portés à son nom et sur l'emploi de laquelle M. Blondin refusa de s'expliquer.

A Mazas, il tomba malade d'une névrose de l'estomac compliquée de troubles nerveux et sollicita sa mise en liberté provisoire qui lui fut accordée le 4 février suivant, moyennant une caution de 20,000 francs.

Trois jours après, la chambre des mises en accusation le renvoya devant la Cour d'assises. (Voir pour les débats au chap. xxx de l'*Historique*.)

M. CHARLES BAÏHAUT

Ingénieur. — Député de la Haute-Saône. — Ancien ministre des travaux publics en 1886.

On vient de voir, par la notice ci-dessus, que M. Baïhaut, ministre des travaux publics, en 1886, dans le cabinet de Freycinet, était soupçonné d'avoir exigé un million de la Compagnie de Panama pour déposer le projet de loi autorisant celle-ci à émettre des obligations à lots.

M. le juge d'instruction interrogea M. Baïhaut qui nia énergiquement. Il fut confronté ensuite avec MM. de Lesseps et Fontane qui affirmèrent son cas de chantage. Le juge d'instruction le fit arrêter et interner à Mazas le 9 janvier 1893.

On a vu également que, au cours du procès devant la Cour d'appel, M. Charles de Lesseps déclara que M. Baïhaut avait en réalité touché un acompte de 375,000 francs sur le million exigé par lui. Le 15 janvier, devant le juge d'instruction, M. Baïhaut avoua le fait et fut ensuite renvoyé devant la Cour d'assises. Il se pourvut contre ce renvoi en invoquant l'article 177 du Code pénal qui ne vise que les « fonctionnaires publics » et qu'il estimait inapplicable aux sénateurs, députés et ministres. Mais, le 24 février, la Cour de cassation rejeta son pourvoi en prenant le terme « fonctionnaires publics » dans le sens le plus général, visant non seulement les citoyens revêtus d'une part de la puissance publique, mais aussi les citoyens revêtus d'un mandat public leur permettant de concourir à la gestion des affaires de l'Etat, du département et de la commune.

M. Baïhaut comparut donc en Cour d'assises, le 8 mars. Voir chap. xxx de l'*Historique*.)

M. ÉLOI-BERNARD BÉRAL

Ingénieur. — Sénateur du Lot. — Conseiller d'Etat. — Ancien préfet du Lot.

M. Béral fut désigné, le 24 novembre, par la *Libre Parole* comme ayant reçu de l'argent de la Compagnie de Panama.

Aussitôt la commission d'enquête constituée, il adressa au Président de la Chambre des députés une lettre tendant à être admis à se justifier le plus tôt possible devant cette commission.

Il fut entendu quelques jours après et demanda la mise en liberté provisoire de M. Drumont (alors détenu à Mazas pour purger une condamnation encourue comme publiciste), pour que celui-ci vînt fournir la preuve de ses allégations. Mais le rédacteur en chef de la *Libre Parole* refusa de sortir de sa prison à titre provisoire et le cas de M. Béral resta en suspens.

M. Béral fut compris dans les poursuites demandées au Sénat et ne fit entendre aucune protestation.

Le 7 février, la chambre des mises en accusation le renvoya devant la Cour d'assises où il comparut le 8 mars. (V. chap. xxx de l'*Historique*.)

M. HENRI-JOSEPH DUGUÉ DE LA FAUCONNERIE

Publiciste. — Député de l'Orne.

(*Chèque 16. — 25,000 francs.*)

Lors de la découverte des 26 chèques-Thierrée, on constata que ce chèque de 25,000 francs, encaissé par un employé de M. Jeannin, agent de change à Paris, l'avait été pour le compte de M. Dugué de la Fauconnerie.

Mandé devant la commission d'enquête parlementaire, M. Dugué déclara le fait exact. Il expliqua que Jacques de Reinach l'avait intéressé dans son syndicat et que ce cheque représentait sa part de bénéfices.

Le 20 décembre 1892, M. Dugué de la Fauconnerie fut compris, pour ce motif, dans la demande de poursuites autorisée par la Chambre. Appelé devant le juge d'instruction, il ne fit que confirmer ses déclarations faites à la commission d'enquête. Il fut renvoyé devant la Cour d'assises et refusa de se pourvoir en cassation contre ce renvoi parce que, disait-il, il ne voulait pas avoir l'air de chercher à échapper par une chicane de droit à une accusation misérable et odieuse. « Tout ce que j'ai fait, ajouta M. Dugué, je l'ai fait au grand jour, et c'est au grand jour que je veux qu'on me juge. »

Devant la Cour d'assises, il répéta ces déclarations et protesta énergiquement contre l'accusation d'avoir touché cet argent pour prix de son suffrage. (Voir chap. xxx de l'*Historique*).

M. ANTONIN PROUST

Publiciste. — Député des Deux-Sèvres. — Ministre des Beaux-Arts dans le cabinet Gambetta en 1882.

(Chèque 21. — 20,000 francs.)

Ce chèque fut acquitté par un nommé Burstert qui déclara avoir agi pour le compte de la Banque internationale de Paris, dirigée par M. Ernest May.
Mais déjà quelques jours avant la constitution de la commission d'enquête, la *Libre Parole* avait désigné M. Antonin Proust comme ayant reçu de la Compagnie de Panama une somme de 50,000 francs dont 25,000 payés en un chèque sur une banque de Niort. Cependant, une enquête auprès des maisons de banque et des agents de change de cette ville n'amena la découverte d'aucun chèque. Alors, la *Libre Parole* publia le fac-simile d'une lettre adressée le 31 juillet 1886, par Jacques de Reinach, à M. Antonin Proust, et mentionnant la remise à M. Proust par J. de Reinach d'un titre de participation de 1,000 actions du Panama.
M. Proust reconnut qu'il avait, en effet, fait partie du syndicat de garantie pour l'émission de 1886. Quant à celle de 1888 (valeurs à lots), Jacques de Reinach lui avait cédé 2,000 obligations qu'il revendit avec un bénéfice de 13,100 francs qui, joints à un premier versement, complétaient la somme de 20,000 francs qu'on lui reprochait d'avoir reçu de la Compagnie.
Restait la question du chèque touché par la banque de M. Ernest May. La commission d'enquête fit venir M. May et celui-ci déclara que sa banque avait encaissé cet argent pour le compte de M. Antonin Proust.
Le 20 décembre 1892, M. Proust fut compris pour ces

motifs dans la demande de poursuites autorisée par la Chambre.

Devant le juge d'instruction, M. Proust répéta ce qu'il avait dit à la commission d'enquête, et il fut renvoyé devant la Cour d'assises par la chambre des mises en accusation.

Il renouvela devant la Cour les déclarations que nous venons d'enregistrer. (Voir chap. xxx de l'*Historique*.)

M. GOBRON

Industriel. — Ancien député.

(*Chèque 22. — 20,000 francs.*)

Ce chèque fut encaissé par la banque Praslon frères.

Bientôt on apprit que M. Gobron, ancien député, en était le bénéficiaire. Appelé devant la commission d'enquête, il reconnut parfaitement le fait. Mais on se trompait si l'on s'imaginait que cet argent était le prix d'un marchandage parlementaire. Il représentait tout simplement la somme d'achat de 20 actions à 400 francs d'une société industrielle, cédées au baron de Reinach par M. Gobron, qui avait dans cette société pour 50,000 francs de parts de fondateur.

Il est bien vrai que M. Gobron avait voté la loi des obligations à lots, mais ce fut en âme et conscience, et il déclara qu'il ne s'en repentait pas.

Son cas fut instruit et la chambre des mises en accusation le renvoya devant la Cour d'assises, où il comparut le 8 mars. (Voir chap. xxx de l'*Historique*.)

ARTON

Industriel

Si le défunt baron de Reinach fut le corrupteur mandaté par la Compagnie de Panama, c'est Arton qui se chargea de la besogne.

Cet individu est encore un israélite. Il est né à Strasbourg le 16 août 1849. Son vrai nom est Aron.

Dès qu'il a l'âge d'homme il part pour l'Amérique du Sud, débarque à Rio de Janeiro, y devient gérant d'une maison de commission, épouse la fille d'une fabricante de fleurs artificielles, mange la dot, ruine son patron, expédie à Francfort femme et enfants et s'installe auprès d'un concurrent de la maison même qu'il vient de faire sombrer.

Après quelques années de résidence au Brésil, il se rembarque pour l'Europe et apparaît à Paris, vers 1882, où il lance une affaire de café, le « Café Arton », qui, d'ailleurs, tourne tout de suite à la faillite. Mais il reprend pied dans une autre entreprise : un établissement de coiffure, le « Salon de Paris », qu'il installe luxueusement au boulevard Montmartre et qui dure six mois. Alors il se met fabricant de savons, pour monter bientôt une affaire de glycérine et devenir enfin courtier d'une Société de dynamite fondée par M. Barbe, ancien ministre, aujourd'hui décédé.

C'est en cette qualité qu'il entre, vers 1887, en relations avec la Compagnie de Panama qui lui achète toute la dynamite nécessaire à ses opérations dans l'isthme. Arton gagne de la sorte quelques centaines de mille francs et commence à mener une vie fastueuse, après s'être séparé de biens avec sa femme. Il s'abouche avec M. Le Guay, ancien sénateur, administrateur de la Société de Dynamite, devient administrateur, lui aussi, et se livre, avec la complicité de Le Guay et du caissier de la société, à des détournements qui, en peu de temps, montent à la somme de 3,242,766 francs. Le pot-aux-roses se découvre : Le Guay et le caissier Prévost sont enfermés à Mazas, mais Arton a mis la frontière entre lui et la police française (1).

Or, pendant qu'il tripotait à la Société de Dynamite, Arton s'occupait activement, au profit de la Compagnie de Panama, d'une campagne de corruption parlementaire qu'il menait à l'aide de fonds mis à sa disposition par Jacques de Reinach et par la Compagnie elle-même. Pendant deux ans, il fut à la Chambre et au Sénat un assidu des Pas-Perdus où on le voyait causant, chuchotant, se promenant bras dessus bras dessous avec nos législateurs. Voici, d'ailleurs, comment il procédait, s'il faut en croire le *Figaro* :

« Arton n'avait à s'occuper, dans les deux Chambres, que des « petites bourses » et du menu fretin des députés sans consistance. Son prix était, on le savait, de mille à trente mille, suivant l'importance de l'homme et l'intérêt du vote ; et de vingt à vingt-cinq mille la moyenne de ses opérations. Il avait un annuaire des députés qu'il annotait, jour par jour, à côté des noms, avec les sommes versées à chacun, et il adoptait pour cette comptabilité, qui jetterait un jour si cruel sur la corruption de nos mandataires, une série de signes mystérieux que lui seul pouvait déchiffrer. Toutes les précautions étaient ainsi prises pour dépister la justice, au jour improbable où elle franchirait le seuil de la questure. Arton remettait d'ailleurs aux députés ses clients, non pas des chèques compromettants, aux talons dénonciateurs, mais de la main à la main, des liasses de billets de banque, sans trace ni reçu, ou parfois, pris de court, des effets « Arton sur Arton », des effets par conséquent où son nom seul restait fixé. » (*Figaro* du 10 janvier 1893.)

---

(1) Cette affaire fut jugée, le 15 février 1893, par la Cour d'assises de la Seine qui condamna Le Guay à cinq années de prison et 3,000 francs d'amende, et Prévost à trois années d'emprisonnement et 100 francs d'amende.

Quant à Arton, il fut déclaré contumax et réservé pour être jugé par la Cour sans l'assistance du jury.

Ce petit croquis des opérations clandestines du juif corrupteur est-il exact ? Les faits vont repondre :

Lors de son investigation au sujet des papiers de feu Jacques de Reinach, la commission d'enquête parlementaire fît faire des recherches à la banque Propper et Cie, — qui fut d'abord, on le sait, la banque Kohn-de Reinach, — où les scellés avaient été apposés dans le bureau que Jacques de Reinach y occupa de son vivant, et y découvrit un dossier marqué A et ne contenant qu'une seule pièce : une lettre, insignifiante, d'Arton. Seulement, en y regardant de près, on remarqua que la chemise de ce dossier était toute neuve, alors que celles des autres dossiers saisis étaient usées et maculées. Interrogé à ce sujet, un employé de la banque Propper reconnut avoir refait, par ordre, cette chemise la veille de l'apposition des scellés... Autant dire que nombre de pièces compromettantes avaient disparu de ce dossier A.

On a vu, dans la Partie historique, que M. Andrieux, ayant fait offrir de l'argent à Arton pour certains documents, celui-ci avait déclaré ne vouloir se dessaisir d'aucune pièce, ni envers M. Andrieux, ni envers le gouvernement qui, lui aussi, avait, au dire d'Arton, essayé d'obtenir certains papiers. Il s'agissait surtout d'une liste qui, supposait-on, contenant les noms de 104 députés ayant respectivement reçu d'Arton des sommes variées.

Dans ces conditions, la chambre des mises en accusation comprit Arton parmi les inculpés pour le délit de corruption et le renvoya devant la Cour d'assises. La police française fut lancée à la poursuite du fugitif et cette course devint épique. Tantôt on signalait Arton a Bucharest, tantôt à Jassy, ou à Cracovie, ou à Dresde, ou à Hanovre, ou à Magdebourg, ou à Berlin, ou à Nuremberg, ou à Amsterdam... s'appelant ici Beckmann, là Debenham, ailleurs Radburn, Forster, Reuter, Salbert... et nos policiers de courir aux endroits signalés, — et d'arriver toujours trop tard. Si bien qu'à Paris on disait tout haut qu'on ne se trompait plus à tous ces buissons creux qui ne prouvaient qu'une chose : poursuivre Arton avec la volonté bien arrêtée de ne pas mettre la main dessus.

Nous avons rapporté au chap. xxx de l'*Historique*, les faits relatifs à Arton pendant les débats en Cour d'assises.

Pour terminer cette galerie d'impliqués, voici un ensemble de renseignements sur

CORNÉLIUS HERZ

Industriel. — Né en France de parents allemands. — Docteur diplômé à Chicago. — Citoyen américain. — Grand-Officier de la Légion d'Honneur de France.

Ce personnage joue un rôle considérable dans l'Affaire du Panama.

Né à Besançon, en 1845, d'un juif nomade originaire de Francfort, qui exerça le métier de relieur en France, en Amérique, en Allemagne, on voit Cornélius étudiant, en 1864, la médecine à Heidelberg. Mais bientôt il revient en France, vers 1867, se fait inscrire à l'Ecole de Médecine à Paris, trouve un refuge à Bicêtre, comme interne provisoire, s'engage en 1870, comme aide-major, dans l'armée de la Loire, se fait porter sur la liste des proposés pour la Légion d'honneur, obtient la croix, et, la guerre terminée, s'embarque pour l'Amérique.

Il se fait recevoir docteur-médecin à Chicago et va établir ses pénates à San-Francisco pour y exercer sa profession. Israélite lui-même, il épouse une demoiselle Saroni, fille d'un négociant juif établi en cette ville californienne. Sa profession de médecin lui ayant rapporté une certaine quantité de dollars, il l'abandonne pour se lancer dans l'industrie, notamment dans des affaires d'électricité. Il se fait passer comme grand savant, mais sa science consiste principalement à s'approprier les brevets d'autrui et à les exploiter.

Vers 1875, Cornélius réapparaît à Paris où il s'installe

faubourg Montmartre, pour l'exploitation des lampes à arc et à incandescence. On voit Cornélius cultiver la connaissance de M. Adrien Hébrard, directeur du *Temps* et grand amateur d'affaires industrielles. Celui-ci devient son premier associé dans cette entreprise. Et un camarade amenant l'autre, notre docteur américano-franco-allemand a bientôt un entourage choisi de financiers et d'hommes politiques. C'est ainsi que, dès cette époque, on le voit en familiarité avec M. Hébrard, puis avec M. Lebey, directeur de l'*Agence Havas;* avec M. Clémenceau, le *leader* du parti radical, avec M. Sarrien, alors ministre de l'Intérieur; avec M. le baron Jacques de Reinach, financier bien coté... même avec M. Jules Grévy, Président de la République Ajoutons que, pour embellir le paysage, le digne Cornélius se paie le luxe de prendre un député français qui lui fait ses courses : M. Louis Guillot, député de l'Isère, aujourd'hui décédé...

Ainsi remparé, notre homme commence à se faire voir sur le pavé de Paris. D'abord il demande et obtient de M. Cochery, alors ministre des postes et télégraphes, la concession des téléphones dans Paris, laquelle concession il revend au Crédit Mobilier.

Ensuite il se met en rapport avec M. Marcel Deprez qui lançait son affaire de transmission de la force motrice électrique, entre par là en relations avec ses coreligionnaires les Rothschild, auxquels, d'ailleurs, il arrache la forte somme pour se faire payer sa sortie de l'entreprise-Deprez dans laquelle il avait cessé de plaire.

Puis il revient à ses téléphones et imagine quelque chose de colossal : la concession des réseaux téléphoniques pour toute la France au moyen de la formation d'un syndicat dont il aurait, lui, Cornélius, la direction à vie et qu'il composerait de personnalités choisies parmi les hommes politiques les plus influents du parti républicain, tant opportunistes que radicaux. Mais cette grande affaire n'aboutit pas : elle révéla des dessous tellement extraordinaires que le décret de concession, déjà signé pourtant par M. Jules Grévy, dut être annulé.

Ce qui aboutit, par exemple, ce fut le pacte d'amitié du

sieur Cornélius avec M. Clémenceau auquel Cornélius ouvrait sa bourse pour faire marcher la *Justice*, journal dont le *leader* des radicaux est directeur.

Ainsi, commanditaire principal d'un organe dont les ministères successifs redoutaient fort le politicien dirigeant, Cornélius mijotait activement sa situation. Il brassait des affaires, s'insinuait auprès des puissants du jour et manœuvrait à miracle. Il n'était ni savant spécialiste, ni inventeur, ni innovateur, il ne pratiquait d'autre art que celui d'exploiter habilement son monde, de s'arranger pour devenir, au moment psychologique, le « monsieur indispensable. »

Ecoutez comment, dans son plaidoyer devant la cour d'appel, Mᵉ Barboux parlait de notre homme : « Qu'on mette Figaro à l'école de Robert Macaire et je crois qu'on obtiendra quelque chose comme ce personnage singulier qui, pendant dix ans, avait le pied dans tous les ministères, la main dans toutes les intrigues et, ce qui est pis, dans toutes les bourses... »

Et comme il savait faire marcher son jeu de ficelles !

Ainsi, avant de réapparaître à Paris, notre homme se fait diplômer de droite et de gauche, recevoir membre d'une kyrielle de *societies* et *institutes* exotiques, et, connaissant à merveille l'effet que produit la décoration sur la naïveté ambiante, il ne manque pas, une fois en France, de cultiver ce terrain si précieux pour son industrieuse personne. Déjà le ruban rouge facilite la voie à ce vibrion de la finance : M. Bardoux le nomme officier d'académie, M. Fallières le nomme officier de l'instruction publique, M. Cochery le fait nommer officier de la Légion d'honneur, M. Jules Ferry le transforme en commandeur et M. de Freycinet le bombarde grand-officier en déclarant cette dernière promotion de toute nécessité ! Pourquoi ?

Et pendant que les décorations se multiplient sur son insatiable estomac, notre madré pseudo-savant ne néglige ni la petite correspondance obséquieuse, ni les bons petits coups de chapeau, ni les petits cadeaux qui entretiennent l'amitié. Il quémande et soutire à de vrais savants, à de hauts personnages politiques, voire à des souverains, leurs cartes de visite, leurs autographes qu'il collectionne ; il leur dédie des brochures quelconques qu'il a fait compiler pour son usage, leur envoie des livres qui ne sont pas de lui, adresse des bouquets à leurs dames, case leurs fils ou leurs protégés dans ses bureaux à Paris, fait sonner son or, le distribue adroitement, se met à tu et à toi avec le général Boulanger, se hausse de cran en cran, entre carrément dans la peau d'un personnage et s'enfle au point d'aller, ambassadeur volontaire, à Rome cultiver l'amitié de M. Crispi, histoire de rompre la triplice et ramener l'Italie dans les bras de la France, de « cette France qu'il aime tant! » comme il le dit lui-même entre deux sanglots!!! Et ce qu'il y a de plus fort, c'est que M. Crispi reçut fort bien le sieur Cornélius et qu'il le renvoya à Paris avec mission de travailler le gouvernement français en vue de concessions à faire pour détacher l'Italie de la triple alliance... Mais la bouffonnerie n'eut pas de suites; Cornélius en fut marri et, pour le ragaillardir, son ami Crispi lui passa, non la corde au cou, mais le grand cordon des saints Maurice et Lazare, — ce qui fit dilater cette noble poitrine israélite...

C'est pourtant de l'histoire, ce formidable vaudeville qui se passait en 1890 !

Mais, emporté par les enjambées mêmes de l'étonnant personnage, nous avons marché un peu vite. Il nous faut revenir sur nos pas et reprendre pied à l'année 1886, qui fut pour la Compagnie de Panama le commencement de la fin. Celle-ci en était à solliciter auprès du gouvernement l'autorisation d'émettre des obligations à lots. Maître Cornélius Herz, qui ne perdait jamais une occasion, flaira une « bonne affaire » de ce côté-là et se mit en campagne. Sa plaque de grand-officier sur l'habit à la française, il apparut devant MM. de Lesseps et causa. Et, vraiment, il faisait l'effet d'être quelqu'un à ce moment-là. Il avait aidé de ses deniers au triomphe des élections de 1885, qui furent un grand succès pour ses amis les radicaux devenus à la Chambre les maîtres de la majorité républicaine et même prépondérants dans le cabinet d'alors où figuraient, entre autres, MM. de Freycinet, Sarrien, le général Boulanger, Baïhaut, Lockroy, Sadi Carnot, Granet, Turquet... Tout ce monde-là, Cornélius l'avait assez dans la main, fit-il accroire aux de Lesseps, pour que, menée par lui, l'affaire des obligations à lots passât comme une lettre à la poste. Bref, le Cornélius demanda la bagatelle de dix millions pour s'employer auprès du ministère et amener celui-ci à déposer de lui-même le projet de loi que, jusqu'ici, la Compagnie avait sollicité en vain. MM. de Lesseps, que l'effondrement possible de leur entreprise affolait déjà, acceptèrent l'étrange marché et Cornélius se mit en campagne avec, dans la poche, la promesse de dix millions signée de Lesseps et garantie par Jacques de Reinach qui était alors l'agent le plus important de la Compagnie.

Et, vraiment! quinze jours après, le 17 juin 1886, le ministère de Freycinet présenta ce projet de loi d'autorisation! Quel singulier pouvoir avait donc Cornelius Herz sur nos gouvernants? Cependant, cette première fois, la Chambre ne fit pas mine de bien l'accueillir et il fut retiré avant discussion. Cela n'empêcha pas Cornélius de réclamer ses dix millions garantis par Jacques de Reinach, mais en présence de l'insuccès de l'affaire, la Compagnie se rebiffa et, après quelques pourparlers, Cornélius, tout en conservant son papier, accepta 600,000 francs à titre d'indemnité...

Deux ans se passèrent. Cornélius ne pensait plus à Panama quand, brusquement, la loi des valeurs à lots fut votée. Notre brasseur d'affaires, qui pouvait savoir tout quand il voulait, apprit que Jacques de Reinach, son garant des dix millions-Panama, avait mené, lui, cette campagne corruptrice moyennant la forte somme. Furieux de voir un autre juif palper en son lieu et place, Cornélius menaça sur l'heure l'ami Jacques de « parler » si, des millions empochés, il ne lui versait pas la part du lion. Jacques s'exécuta tant bien que mal, plutôt mal au gré de Cornélius qui, subitement mis en appétit, exigea davantage encore! Alors Jacques de Reinach voulut se fâcher, prendre son coreligionnaire par la gorge et l'étrangler, mais le coreligionnaire lui glissa entre les mains et ne fit qu'un bond de Paris à Francfort.

Là il rédigea, en style lapidaire, cette petite dépêche à

l'adresse, des administrateurs de Panama : « Votre ami de
» Reinach chercha à tricher ; mais il faut qu'il paie ou qu'il
» saute. S'il saute, *ses amis* tomberont avec lui. Je briserai
» tout plutôt que d'être volé d'un centime. CORNÉLIUS HERZ. »

Ce télégramme, expédié en clair pour qu'il tombât sous les yeux des *amis* en question, jeta tout ce monde en désarroi. Jacques de Reinach prit peur et courut chez M. Ch. de Lesseps demander la bagatelle de 10 à 12 millions pour fermer la bouche au Cornélius. M. de Lesseps refusa. Alors M. Clémenceau, et M. Ranc, et M. de Freycinet, et M. Floquet, très fouettés par la dépêche-Herz, donnèrent de leurs personnes et adjurèrent M. de Lesseps de revenir à de meilleurs sentiments. Ils y mirent tant d'éloquence persuasive que M. de Lesseps s'inclina : il compta de nouveau à de Reinach différentes sommes (en tout 4,940,475 francs) qui passèrent de la poche du brave Jacques dans celle du bon Cornélius.

De sorte qu'il fut acquis que deux ministres, dont un chef de gouvernement, un *leader* redouté et un publiciste influent avaient entraîné la Compagnie à affecter des millions à toute autre chose qu'au canal. Mais, peut-on se demander encore une fois, qu'était-il donc pour eux, ce Cornélius Herz ? Et pourquoi tenaient-ils tant à ce que cet aventurier touchât tout cet or ?

Au surplus, cela ne termina pas encore le poème. Lors du fonds-Thierrée (3,310,475 francs) sur lequel de Reinach versa encore deux millions à l'insatiable Cornélius, celui-ci, mécontent de ne pas recevoir aussi les 1,310,475 francs de reste, exigea de l'ami Jacques une justification d'emploi ! Toujours pris dans les tenailles de son copain juif, l'ami Jacques crut excellent de lui faire remettre la liste des personnes (celle que M. Andrieux communiqua à la commission d'enquête) auxquelles cet argent avait été distribué sous forme de chèques... Cette fois, c'était se livrer à merci. Car Cornélius n'eût plus été lui-même s'il n'avait pas transformé ce papier en une véritable liste de Damoclès désormais suspendue sur la tête de l'infortuné de Reinach.

Celui-ci, en effet, ne vivait plus que dans un perpétuel cauchemar. Si bien que, le jour où il se vit inculpé dans l'Affaire du Panama, il alla supplier son créancier de lui rendre au moins le document révélateur, ce que le bon Cornélius s'empressa de refuser... à moins que le pauvre Jacques ne lui versât derechef une nouvelle quantité de millions dont, ruiné qu'il était maintenant, il n'avait plus le premier sou! Ce fut le coup de grâce pour le baron de Reinach. Il rentra chez lui, se coucha et ne se réveilla plus (1).

Shylock ne « travaillait » que sur de misérables chrétiens, sur des *goïms* détestés, et encore n'opère-t-il qu'au théâtre, dans la vie fictive : le docteur Herz, lui, étend le procédé à ses propres coreligionnaires et est loin d'être un mythe. Il ne faut jamais nier le progrès.

Lorsqu'éclata l'affaire des chèques-Thierrée (voyez à l'*Appendice*) dans laquelle Cornélius Herz figurait pour deux millions, celui-ci, qui avait cru prudent de filer en Angleterre, écrivit de Londres à la commission d'enquête qu'il avait reçu cet argent de Jacques de Reinach dont il était le créancier « à la suite de nombreuses affaires dans lesquelles de Reinach avait été son associé »; qu'il ne s'était pas préoccupé de savoir d'où venaient ces fonds et qu'il les avait employés à l'acquisition d'immeubles à Paris. Mais voici que dans les papiers de feu de Reinach, on découvrit que Cornélius, loin d'être avant 1888 le créancier du banquier, en était au contraire le débiteur pour une assez grosse somme. De sorte que les versements postérieurs faits par Jacques de Reinach à son ancien associé et ami Cornélius Herz, avaient été bel et bien le fait d'un formidable chantage basé sur la garantie de Jacques de Reinach lors des dix millions promis à Herz par la Compagnie de Panama et après que de Reinach eut remis à Herz la fameuse liste aux chèques.

---

(1) Ces faits sont relatés en détail dans le *Figaro* du 24 janvier 1893.

Mais, plus tard, le même journal les accentua davantage en publiant des documents de l'instruction-Franqueville qui, on vient de le voir, caractérisèrent singulièrement l'intervention des hommes politiques que nous venons de signaler.

D'autre part, M. Charles de Lesseps déclara que, après le coup des 600,000 francs mentionné plus haut, le dit Cornélius lui avait soutiré plus d'un million et demi à l'aide de procédés ayant également tout le caractère de manœuvres de chantage. Le maître chanteur faisait toujours ses demandes d'argent à la Compagnie aux noms de personnages politiques diversement influents.

Dans ces conditions, M. le juge Franqueville, chargé d'instruire le procès en corruption, lança contre le docteur Cornélius Herz un mandat d'amener pour complicité d'escroquerie et d'abus de confiance. Aidés des détectives anglais, les policiers français découvrirent le personnage dans un hôtel à Bournemouth, près de Londres, où il s'était transporté pour se guérir, paraît-il, du diabète. Il fut mis en en arrestation le 20 janvier, mais son état ne permettant pas de déplacement, on le garda à vue dans sa chambre. C'est, du moins, ce qu'on a toujours télégraphié.

Ce fut pour cet aventurier le premier coup de la mauvaise fortune. Huit jours après on lui asséna le second : un décret signé Carnot et rendu sur un rapport du Conseil de la Légion d'honneur, raya Cornélius Herz, « pour faits portant atteinte à l'honneur », des matricules de l'Ordre. (1)

Ainsi tomba sa plaque de grand-officier. Il peut être permis d'observer que cette mesure atteignait également tous les ministres et politiciens qui avaient et décoré et constamment protégé ce flibustier cosmopolite.

D'autre part, l'administrateur judiciaire de la succession de Reinach se retourna contre ce Cornélius qui avait été si bon pour Jacques. La succession entendait rentrer autant que possible dans l'argent extorqué au défunt. En conséquence, son administrateur, M. Imbert, introduisit le 28 janvier, devant le tribunal civil, une instance contre Cornélius en restitution des sommes versées par Jacques de Reinach en 1886 et 1888.

Naturellement, il fut beaucoup question de Cornélius Herz pendant les débats en Cour d'assises, comme on a pu le voir au chap. xxx de l'*Historique* qui précède.

(1) Voyez ce décret à l'*Appendice*.

APPENDICE

I

TABLEAU DU PERSONNEL DE LA COMPAGNIE DE PANAMA

Conseil d'administration

Le premier conseil de la Compagnie (pris parmi les associés) fut composé de 24 membres désignés par les statuts et nommés pour trois ans. Après l'expiration de ce délai, les administrateurs furent nommés par l'assemblée générale des actionnaires et pour six années au plus. Ils étaient indéfiniment rééligibles.

Des modifications assez nombreuses se sont produites pendant le cours de la Société dans la composition du conseil d'administration et du comité.

Voici la liste des 24 membres du premier conseil nommés par les statuts, le 17 décembre 1880.

MM. Ferdinand de Lesseps ;
Allavène, général en retraite ;
Le comte de Circourt ;
Charles Cousin ;
Daubrée ;
Dauprat (*décédé le 9 octobre* 1886),
Marius Fontane ;
Émile de Girardin (*décédé le 8 juillet* 1881) ;
Le comte de Gontaut-Biron (*décédé le 8 février* 1884) ;
John Harjès (de la maison Drexel, Harjès et Cie), démissionnaire le 17 avril 1884 ;
Max Hellmann (de la maison Seligmann frères) ;
Le baron Jules de Lesseps (*décédé le 4 novembre* 1887) ;
Charles-Aimé de Lesseps ;
Victor de Lesseps ;
Comte de Mondésir ;
Motet-Bey ;
Mourette, démissionnaire le 30 novembre 1887 ;
Félix Nouette-Delorme, démissionnaire le 8 janvier 1884 ;
Adolphe Peghoux, démissionnaire le 6 août 1886 ;
Le baron Poisson ;
Ernest Prévost ;
Léon Renault, démissionnaire le 10 juillet 1883 ;
William Seligmann (de la maison Seligmann frères) ;
Général Türr, démissionnaire le 16 décembre 1887 ;

Voici maintenant les administrateurs nommés par les assemblées générales :

MM. Piat, nommé le 8 juillet 1881, démissionnaire le 10 décembre 1886 ;

Tourneux, nommé le 17 juillet 1883 (*décédé le 15 mai 1884*) ;
Delagarde, nommé le 4 juillet 1884, démissionnaire le 22 juin 1887 ;
Harel, nommé le 6 juin 1884 ;
Herbette, nommé le 6 juin 1884, démissionnaire le 29 juin 1885 ;
Motet, nommé le 6 juin 1884 ;
Henri Cottu, nommé le 10 septembre 1886 ;
Colonel comte de Moucheron, nommé le 7 janvier 1887 ;
Rapatel, nommé le 10 juin 1887 ;

Secrétariat général

Le conseil d'administration avait un secrétaire général. Ont successivement occupé ce poste :

MM. Henri Bionne, nommé le 17 décembre 1880 ;
Paul Daubrée, nommé le 10 juin 1881 ;
Martin, nommé le 18 juillet 1884 ;
Fournier (intérim), nommé en octobre 1886 ;
Henri Boudet, nommé le 8 octobre 1887.

Partie technique

La direction et la surveillance de la partie technique étaient confiées au siège social, *à Paris*, à des ingénieurs, chefs de service, auxquels on adjoignit par la suite un entrepreneur-conseil : M. Couvreux, puis un ingénieur-conseil : M. Dingler.

Dans l'isthme de Panama fonctionnait également une administration complète composée d'ingénieurs, de chefs de service et d'agents supérieurs, assistés d'un nombreux personnel de sous-chefs et d'employés.

Commission consultative

En dehors du personnel dépendant directement de la Compagnie, il fut institué à Paris, dès 1881, une *Commission supérieure consultative des travaux* composée de notabilités scientifiques et administratives, à laquelle devaient être soumises les questions les plus importantes relatives à l'établissement du Canal.

En voici les membres :

MM. Boutan, ingénieur des mines ;
    Daubrée, directeur de l'Ecole des Mines, membre de l'Institut de France ,
    Dirks, ingénieur en chef du Waterstaat (Hollande) ;
    De Fourcy (Lefébure), inspecteur général des Ponts-et-Chaussées ;
    Givia (commandeur), ingénieur italien ;
    Jurien de la Gravière (amiral), membre de l'Institut ;
    Lalanne, inspecteur général des Ponts-et-Chaussées, membre de l'Institut;
    Laroche, ingénieur en chef des Ponts-et-Chaussées ;
    Oppermann, ingénieur des Mines ;
    Pascal, inspecteur général des Ponts-et-Chaussées ;
    Ruelle, ingénieur en chef des Ponts-et-Chaussées ;
    Voisin-Bey, inspecteur général des Ponts-et-Chaussées.

Missions

A cette administration permanente se sont jointes, à plusieurs époques, des missions spéciales envoyées dans l'isthme aux frais de la Compagnie.

Emoluments

Le conseil d'administration se partageait une rémunération annuelle de 240,000 francs.

La commission consultative recevait une indemnité collective annuelle de 40,000 francs.

En outre et *annuellement :*

M. Ferdinand de Lesseps touchait 75,000 francs comme président-directeur et 50,000 francs pour frais de représentation ;

La sous-direction, composée de M. Charles de Lesseps et de deux autres administrateurs, touchait 25,000 francs ;

Un « agent supérieur dans l'isthme » recevait 20,000 francs ;

Le président du comité américain (Compagnie cédante) avait un traitement de 125,000 francs, et deux membres de ce comité recevaient chacun 20,000 francs.

II

LETTRE DE MADAME LA COMTESSE DE LESSEPS

Le 17 novembre 1892, au lendemain de l'arrestation des administrateurs de la Compagnie du Panama, Mme la comtesse de Lesseps adressa au *Gaulois* la lettre que voici :

Monsieur,

Je compte sur votre impartialité, sur le respect et l'admiration que vous avez toujours témoignés à M. de Lesseps, pour faire insérer cette lettre, provoquée par une juste indignation.

Il répugne souvent aux innocents de chercher à se défendre contre d'injustes attaques, contre des calomnies, et de faire parler de soi.

Je lis dans votre journal quelques mots tracés sur M. de Lesseps; entre autres, il y est dit qu'il a vécu quelques semaines de trop, que la mort a commencé pour lui...

Je n'insiste pas sur cette phrase peu chrétienne, car celui qui l'a écrite à la légère, n'a pensé ni à Dieu qui dispose de notre vie, ni à une femme, ni à des enfants qui vénèrent et aiment profondément ce vieillard dont la vie, si chancelante qu'elle soit, leur est plus précieuse que tout! Ce n'est pas un crime que d'être accablé par l'âge, sans compter l'ingratitude, cette monnaie si largement octroyée aux grands hommes.

Ce que je voudrais crier très haut, c'est le mépris de tous les braves cœurs, l'opinion de l'Europe entière, celle des vrais actionnaires et obligataires de Panama qui, dégagés de toute idée de vengeance, ont compris qu'un insuccès douloureux ne pouvait pas être l'objet de grossières insultes contre un génie bienfaisant qui n'a eu qu'un but : sans cesse travailler et lutter, et dont rien, rien n'altérera ni l'honneur ni l'immortalité!

S'il plaît aux hommes de lui infliger, à la fin de sa vie, un coup odieux, ce n'est ni pour lui ni pour nous de l'effroi, car il en sortira, comme chacun le sait (même les plus indifférents), avec cette grandeur de vues et d'actes que rien ne saurait détruire et qu'il n'aurait pas eu la folie de renier tout à coup.

Il ne faut voir, dans cet ouragan de furie déchaîné contre un vieillard de quatre-vingt-sept ans, incapable de se défendre, et qui aurait, autrefois, fait rentrer sous terre ses détracteurs, ni l'intérêt porté aux actionnaires de Panama, qu'on égare en les poussant à la vengeance, ni le désir très noble de relever une magnifique conception destinée à enrichir ce pays ; mais bien l'assouvissement de je ne sais quelles jalousies d'incapables vis-à-vis de ce grand désintéressé, unique dans l'histoire, car il ne se trouvera pas un être humain ayant fait l'œuvre de Suez, qui a déjà rendu des milliards à la France, qui en sortirait les mains vides, sans avoir songé à l'avenir de sa nombreuse famille (ce dont je suis fière, et mes enfants avec moi), et dans ce nombre je n'excepte pas mes deux beaux-fils, Charles et Victor de Lesseps, qui tiennent de leur père la loyauté la plus absolue.

S'il leur est reproché des erreurs, il n'en résulte pas d'injurieux soupçons. Je crois que ceux qui jettent si souvent à la tête des autres des qualifications honteuses doivent en avoir lourd sur la conscience, car on ne juge les autres que d'après soi-même, dit le proverbe. Je plains profondément ceux qui ne respectent plus ni la vieillesse ni la jeunesse ; ceux qui sèment la douleur et la révolte, au lieu de ramener l'espérance, la prospérité et la justice.

Croyez, monsieur, à mes meilleurs sentiments.

Comtesse de Lesseps.

La Chesnaye, ce 17 novembre 1892.

III

L'INTERPELLATION-DELAHAYE

Voici le compte-rendu de la séance de la Chambre, du 21 novembre 1892, dans laquelle M. Jules Delahaye, député de Chinon (Indre-et-Loire), a interpellé le gouvernement sur les lenteurs de la justice à rechercher les coupables.

M. Floquet présidait.

M. Delahaye. — Je viens vous proposer de remplir un grand devoir qui domine toutes nos querelles politiques, un devoir de salubrité sociale qui intéresse tous les partis, en nommant une commission d'enquête sur les faits que je vais affirmer hautement, au risque de mon honneur ou au risque du vôtre... (*Très bien! très bien! à droite.* — *Interruptions à gauche.*)

M. Boissy-d'Anglas. — Occupez-vous seulement du vôtre, nous nous chargeons du nôtre.

M. Delahaye. — ...Sur des faits que les poursuites engagées ont manifestement pour but de dissimuler au pays. (*Exclamations à gauche et au centre.*)

On a comparé le scandale de Panama à celui d'un ancien député, gendre d'un Président de la République, tenant le commerce que vous savez dans le palais même de l'Elysée.

Hélas! le trafic de la croix d'honneur n'est qu'une misère à côté du trafic du Panama. Daniel Wilson, ce n'est qu'une impudence et une inconscience personnelles. Panama, c'est toute une camarilla politique sur laquelle pèse l'opprobre de la vénalité. (*Interruptions et bruit.*)

Les faits que je viens de rappeler, ce n'était qu'un accident révélant le mal; Panama, c'est le mal lui-même qui a gagné tout le corps social parce que vous l'avez laissé s'étendre et se développer; c'est le gaspillage effronté, c'est la curée au grand soleil de la fortune des citoyens, des pauvres, des besogneux, par des hommes ayant mission de la protéger et de la défendre. (*Très bien! très bien! sur divers bancs.* — *Interruptions.*)

Après avoir rappelé en quelques mots la situation de la Compagnie en 1888, se trouvant acculée à la nécessité de surexciter l'épargne épuisée, M. Delahaye arrive à la personnalité du baron de Reinach, l'homme qui conçut l'idée d'émettre des obligations à lots. Il exprime le regret d'avoir à parler d'un homme qui depuis la veille a cessé de vivre. Il s'abstiendra de prononcer son nom, mais il désignera le rôle rempli par ce financier dans l'organisation de la loterie du Panama :

Pour émettre des valeurs à lots, l'intervention des pouvoirs publics était nécessaire ; il fallait une loi. Le financier se fit fort de l'obtenir par la toute-puissance de ses relations politiques et par la corruption.

Il demanda, à cet effet, 5 millions, dont il ne devait rendre compte à personne. Cette somme lui parut suffisante pour sa commission et l'achat de toutes les consciences qui étaient à vendre dans le Parlement. (*Interruptions à gauche.*)

Voix nombreuses. — Des noms ! Des noms !

M. Delahaye. — Si vous les voulez, vous voterez l'enquête. (*Très bien! très bien! sur divers bancs.*) Son siège était fait. Il connaissait, paraît-il, jusqu'au chiffre des dettes d'un grand nombre de députés : chacun fut tarifé d'après ses dettes ou sa valeur politique. (*Interruptions à gauche.*)

Ce financier avait pour remplir sa mission un homme digne de lui, le nommé Arton, qui, depuis, a passé la frontière.

Un livre de chèques fut remis à Arton pour « faire le nécessaire ». Telle fut l'expression convenue pour faire connaître aux membres des deux Chambres qu'on était prêt à estimer leurs votes. (*Nouvelles interruptions à gauche.*)

Voix à gauche. — Lesquels ?

M. Paul Déroulède. — L'enquête vous le dira. (*Bruit.*)

M. Delahaye. — Trois millions furent distribués à plus de 150 membres du Parlement... (*Interruptions à gauche.*)

Voix à gauche. — Les noms !

M. Delahaye. — Vous voterez l'enquête. (*Bruit.*) Vous savez bien que je ne peux pas discuter librement et décemment des questions personnelles. (*Nouveaux bruits.*)

Parmi ces hommes politiques, je dois dire qu'il n'y a qu'un petit groupe de sénateurs. (*Mouvements divers.*)

Mais les appétits excités grandirent démesurément ; ils devinrent énormes. Le financier revint plusieurs fois demander des suppléments aux millions qu'il avait déjà reçus.

Les administrateurs de la Compagnie furent assaillis par une véritable meute de politiciens. (*Interruptions à gauche.*)

Voix à gauche. — Lesquels ? Nous voulons les connaître pour faire justice !

M. *Delahaye.* — Vous ferez l'enquête, et je vous y aiderai. (*Très bien ! très bien ! sur divers bancs.*)

Tout le reste de ce discours est ainsi haché par des interruptions auxquelles M. Delahaye répond avec un sang-froid complet. A chacune des allégations, la Chambre frémit; des clameurs furibondes retentissent; on crie : « Les noms ! la preuve ! » et M. Delahaye réplique : « L'enquête vous le dira ! Faites l'enquête ! »

L'orateur revient sur le fait qui avait déjà provoqué la veille une déclaration de M. Floquet :

M. *Delahaye.* — Un jour ce fut l'élection du Nord, et non pas celle de Paris, comme on l'a dit, qui fut la raison ou le prétexte de ces sollicitations... (*Nouvelles interruptions.*)

M. *le président Floquet.* — J'avais l'honneur d'être président du conseil quand eurent lieu les deux élections du Nord.

La première, en avril, commencée sous M. Tirard et achevée sous mon ministère : la seconde au mois d'août. (*Interruptions à droite.*) Et j'oppose le démenti le plus formel...

Voix à droite. — A la tribune ! — Votez l'enquête !

M. *le président Floquet.* — Je suis tout prêt à paraître devant toutes les enquêtes et toutes les juridictions. (*Applaudissements à gauche.*)

M. *Delahaye.* — A l'occasion de cette élection du Nord, il fallait 100,000 fr. pour un journal, autant pour un autre et 100,000 fr. pour l'élection. (*Interruptions.*)

Je n'ai pas à rechercher — ce sera le but de l'enquête — par qui fut demandé, reçu et distribué cet argent ; mais ce que j'affirme, — et je défie de prouver le contraire dans l'enquête, — c'est que ces 300,000 fr. ont été versés et distribués pour l'usage que je dis.

Un autre politicien, ancien ministre — il est mort — exige 400,000 francs. Cette fois le chèque est touché à la Banque de France... Puis c'est un journal qui n'avait que le souffle, qui ne valait pas 20 francs, et qui est acheté 200,000 francs à raison de l'influence qui était derrière... Un autre personnage croit qu'il est patriotique d'acheter un grand journal à l'étranger, les fonds secrets ne pouvaient faire cette dépense qui était de 500,000 fr.

Panama paya, mais cette fois il fallait être plus circonspect que jamais; aussi le chèque fût-il endossé par un garçon de bureau, que je pourrais nommer, et passé à l'ordre d'un banquier que je pourrais nommer aussi.

Les administrateurs de Panama pouvaient se croire au bout de ces détournements auxquels ils étaient contraints, quand le jeu de nos institutions mit aux mains d'un seul homme, d'un seul député, la destinée de cette immense intrigue.

Quand la commission chargée d'examiner le projet de valeurs à lots fut nommée, elle se trouva partagée, cinq *pour*, cinq *contre;* du onzième membre dépendait donc le rejet ou l'adoption du projet.

Ce onzième alla s'offrir à la Compagnie pour 200,000 fr. (*Bruit*) On ne se rendit pas compte tout d'abord de sa valeur relative, et on refusa.

Le député se mit alors à la tête d'un syndicat qui, escomptant le prochain rejet de la loi, joua à la baisse avec la participation d'un banquier connu.

Ce banquier avait déjà vendu 6,000 à 8,000 titres, quand les administrateurs du Panama comprirent le danger. La commission était réunie : encore une heure ou deux, et le sort en était jeté.

Un agent de la Compagnie fit appeler le député en question; celui-ci sortit une première fois. L'agent de la Compagnie lui dit : « Voulez-vous 100,000 francs ? » Le député répondit : « Non, 200,000 francs », et il rentra en commission.

Quelques instants après, l'agent de la Compagnie le fit appeler de nouveau, lui remit les 200,000 francs... et le projet fut adopté dans la commission par 6 voix contre 5.

Mais le législateur satisfait avait oublié son ami le banquier, qui continuait à vendre. Les titres de Panama montèrent d'un bond à des cours qu'ils n'avaient jamais atteints, le banquier fut ruiné ; vous le connaissez, je n'ai pas besoin de le nommer (1). (*Mouvements divers.*)

M. Delahaye compare ensuite la situation du Parlement à celle d'un homme qui est accusé d'un détournement de fonds.

Cet homme répond : « C'est une infamie, prouvez-le ». Et si on lui dit : « La preuve, elle est dans telle maison, dans tel meuble dont vous avez la clef ».

Cet homme qui n'a rien à craindre répondra : « Voilà la clef, venez avec moi ouvrir ce meuble ». Et quand l'accusateur aura cherché sans rien trouver, l'accusé pourra jouir de sa confusion et le traiter de calomniateur. (*Très bien! très bien! sur divers bancs à droite.*)

Mais que fera l'homme qui, par contre, ne se sentira pas fort de sa conscience ? Alors le dialogue changera ; le second accusé ne dira pas à son accusateur : « Venez avec moi ouvrir le meuble ». Il se contentera de refuser obstinément la clef et ne demandera non moins obstinément la preuve.

Eh bien, que penseriez-vous d'un homme qui en pareil cas aurait une telle prudence ? Ce que la France penserait des pouvoirs publics, accusés d'exaction par les actionnaires du Panama, s'ils se contentaient de défier la preuve qu'ils tiennent sous séquestre. Vous aurez beau crier : La preuve ! La France criera plus haut que vous : La clef ? (*Très bien! très bien! sur divers bancs à droite.*)

La preuve, vous savez bien où elle est. (*Vives interruptions.*) Il y en a cent parmi vous qui savent où elle est. (*Nouvelles interruptions.*)

(1) Jacques Mayer.

Voix nombreuses. — Lesquels ?

M. Delahaye. — Il y a ici deux catégories de personnes qui m'écoutent : celles qui ont touché et celles qui n'ont pas touché. (*Exclamations.*)

M. le président Floquet. — Monsieur Delahaye, vous ne pouvez pas accuser ainsi collectivement cent de vos collègues sans les nommer. (*Vifs applaudissements.*)

Une longue interruption se produit, toujours sur la question de savoir les noms, mais M. Delahaye laisse obstinément à l'enquête demandée le soin de les faire connaître.

M. le président Floquet reprend :

J'ai, par deux fois, invité l'orateur à dire les noms. La dénonciation personnelle est plus courageuse et plus digne que la dénonciation anonyme et collective. (*Applaudissements.*)

M. Paul Déroulède. — La dénonciation de M. Delahaye n'est pas anonyme, puisque le dénonciateur est à la tribune !

M. Delahaye. — Je suis étonné, monsieur le président, qu'après avoir été mis en cause, vous, personnellement, vous ne soyez pas le premier à vous joindre à moi pour demander l'enquête. (*Applaudissements à droite et à l'extrémité gauche de la salle.* — *Les noms ! les noms !*)

M. le président Floquet. — Je vous ai demandé les noms de ceux de nos collègues que vous mettiez en cause. Quant à moi, je me tiens pour nommé par votre première phrase. (*Très bien ! très bien !*)

Non seulement, je ne repousse pas l'enquête, mais je la demande... (*Applaudissements.*) J'ai d'ailleurs entre les mains deux demandes d'enquête, émanées de mes collègues, et je les soumettrai tout à l'heure à la Chambre.

(*M. Delahaye descend de la tribune.* — *Rumeurs prolongées.*)

M. Loubet, président du conseil, monte à la tribune. Il a peine à obtenir le silence. Le ministre adjure la

Chambre de se recueillir. Tout en protestant contre les accusations qui circulent et tout en assurant qu'il s'en défie, M. Loubet déclare qu'il désire la lumière complète et que le gouvernement appuie la demande d'enquête. La Chambre applaudit et vote cette enquête qui sera faite par une commission de 33 membres ayant les pouvoirs les plus étendus.

Mais comment procéder à la nomination des commissaires enquêteurs? M. Le Provost de Launay réclame une élection au scrutin de liste. Des interpellations lui sont adressées. M. Le Provost de Launay fait observer qu'on le somme de parler. Il n'a pas le dossier de M. Delahaye, mais il signale des faits qu'il a relevés lui-même :

> Le gouvernement envoie à Panama un de ses ingénieurs, M. Rousseau, avec mission de faire la lumière et de donner son opinion dans l'intérêt du public.
> M. Rousseau revient, son rapport est lu dans le conseil des ministres ; il n'est pas publié à l'*Officiel*. Mais, par une singulière manœuvre, un journal arrive à en reproduire une partie...
> Or, si une indiscrétion a été commise, et elle n'a pu l'être que par un ministre...
> *M. Hémon.* — Vous savez bien que le rapport a été imprimé.
> *M. le Provost de Launay.* — Il ne l'a été que plus tard. Je dis qu'à la suite de ces indiscrétions il a paru une analyse et des extraits du rapport, et, par une singulière coïncidence, — je m'empresse de dire que je considère le directeur du *Temps* comme un honnête homme, — l'homme politique qui dirige le *Temps*, dans lequel les extraits avaient paru, va être, le lendemain, l'associé du principal entrepreneur du canal, de M. Eiffel. — Voilà un fait ; il faut l'élucider, car il existe. (*Bruit à gauche.*)
> *Plusieurs voix.* — L'enquête le dira.

M. Baïhaut. — Je demande la parole.

M. Le Provost de Launay. — Voulez-vous que je m'occupe du rôle du Parlement? (*Interruptions.*)

Je n'entre pas dans l'ordre d'idées de M. Delahaye, je donne seulement les raisons pour lesquelles je demande l'enquête, et je considère que, dans cette affaire, il ne doit être question ni de politique ni de partis. Il y a, à mon avis, un devoir social à remplir. Je dis que nous avons un tel besoin de lumière que, dût-on compromettre son meilleur ami, il faut qu'il ne puisse échapper s'il est coupable. (*Très bien! très bien! sur tous les bancs.*)

Pour le Parlement, vous avez également besoin de faire l'enquête. Dans mon bureau, se trouvait M. Rondeleux, un ingénieur distingué, membre de la gauche et de la commission chargée d'examiner le projet de loi pour les obligations à lots. Ce collègue nous avait exposé les raisons pour lesquelles il estimait que l'opération de Panama n'était pas réalisable dans les conditions où on la voulait.

C'est à lui que fut confiée la rédaction du rapport. Il le déposa quelques jours après. Or, ce rapport qui avait été *approuvé* la veille par 6 voix contre 5, était *repoussé* le lendemain par 6 voix contre 5 ! (*Interruptions.*)

M. Salis. — C'est l'exacte vérité.

M. Le Provost de Launay parle ensuite des exigences que les grands établissements financiers auraient montrées à l'égard de la Compagnie de Panama. D'après les livres de la Compagnie, le Crédit lyonnais et la Société Générale auraient prêté à 85 pour 100.

M. de Lesseps, continue l'orateur, écrit une lettre au directeur de l'enregistrement, au mois de juin 1888, alors que vous accordiez le droit d'émettre 600 millions d'obligations à lots. Dans cette lettre, il déclare à l'enregistrement qu'il faut tenir compte, et prélever le droit légal sur un emprunt de 30 millions qu'il vient de faire : 15 millions à une société, 15 millions à une autre, pour deux mois, à raison de 5 pour 100 d'intérêt.

Or, prenez les livres de la Société de Panama, — j'ai là les détails exacts, — et vous y voyez : commission au Crédit Lyonnais pour prêt de 15 millions consenti à la Compagnie de Panama : 2 millions ; autant pour la Société Générale. Au total, cela fait 4 millions 250,000 fr. pour 30 millions, pendant deux mois ; soit, comme intérêt ou commission, 85 pour 100 ! (*Exclamations.*)

M. Henri Germain. — Je demande la parole.

M. Le Provost de Launay. — Voilà ce que faisaient les grandes sociétés, les sociétés honnêtes, et elles le faisaient au grand jour ! Jugez un peu par cela de ce que pouvaient faire et de ce que devaient faire les hommes et les sociétés sur lesquels s'appuyait réellement le Panama, car il était obligé d'avoir recours surtout aux petites banques et aux sociétés plus ou moins solides, attendu qu'il a présenté ce phénomène singulier de ne jamais être accepté, en réalité, par la haute banque, qui se taisait mais qui ne le patronnait pas.

Et il s'est produit cette situation bizarre, et qui nous préoccupe tous, c'est que parmi toutes ces personnes qui ont été les intermédiaires, qui ont touché des intérêts, pas une ne pourrait nous montrer le paquet de titres qu'elle a personnellement souscrit. Ils sont tous placés chez des humbles ; ils sont venus faire disparaître de modestes, d'intéressantes économies.

A la date du 15 juin, les guichets s'ouvraient, les sociétés envoyaient des prospectus, toutes distribuaient ces actions et ces obligations en déclarant qu'il s'agissait de valeurs excellentes. Pendant qu'elles le déclaraient, elles faisaient payer 85 pour 100 pour 30 millions, parce qu'elles savaient bien qu'il fallait faire payer les risques, qui étaient énormes.

Voilà les mœurs financières actuelles, voilà comment on trompe le public, voilà pourquoi l'enquête est nécessaire.

L'orateur expose comment les organisateurs des souscriptions procédaient en matière de publicité :

On a loué tous les bulletins financiers, de telle sorte qu'on est arrivé à supprimer absolument toute contradiction. Dans les villes, si petites qu'elles fussent, on avait loué le bulletin financier du journal radical, du journal conservateur et même de la Semaine religieuse. (Rires.)

Le public s'est trouvé dans l'impossibilité d'être éclairé. Il faut que cette situation cesse, que les gens qui ont organisé en dehors du Panama, a côté du Panama cette sorte de mainmise sur la publicité soient connus. (*Très bien ! très bien !*)

Si vous ne pouvez pas les poursuivre, il faut au moins les nommer : ils seront disqualifiés et mis désormais hors d'état de nuire. (*Très bien! très bien !*)

Voilà un point de vue différent de celui où s'est placé M. Delahaye.

Il parle ensuite des entrepreneurs et de leurs traités, puis il termine en disant que l'enquête doit être rapidement menée :

D'ailleurs, même au point de vue de l'intérêt industriel du pays, il faut que vous interveniez, parce que personne n'aurait plus confiance, si on pouvait encore supposer que derrière toute affaire se cache ce qui se dissimulait derrière celle-ci et autour d'elle. (*Applaudissements répétés à droite.*)

Un incident surgit qui est la suite d'un autre. Au moment où, de plusieurs côtés, on pressait M. Le Provost de Launay de parler, M. de Cassagnac lui avait adressé ces paroles : « Dites tout ce que vous savez ! » A ce moment, une voix du centre s'écrie : « Monsieur de Cassagnac, vous avez de l'audace, car vous êtes justement un de ceux qu'on désigne dans l'affaire de Panama ! » (*Agitation.*) C'est M. Boissy d'Anglas qui se fait dénonciateur. M. de Cassagnac va vers lui : « Qui me désigne ? » — « C'est le bruit qui circule dans les couloirs », répond M. Boissy d'Anglas.

Après le discours de M. Le Provost de Launay, M. de Cassagnac demande la parole pour un fait personnel. Le directeur de l'*Autorité* met M. Boissy-d'Anglas en demeure de dire sur quoi il appuie son accusation. On lui dit que M. Delahaye n'a pas non plus donné de preuves. M. de Cassagnac répond :

M. Paul de Cassagnac. — Je n'ai pas pris part à cette discussion. Je suis resté à mon banc immobile, sans donner mon approbation à M. Delahaye, car j'ignorais et j'ignore encore où sont les preuves des faits qu'il a avancés. (*Très bien! très bien! à gauche.*)

Je ne crois pas, en effet, qu'il y ait une chose plus grave et moins honnête d'attaquer ainsi, par une vague insinuation, un citoyen, et à plus forte raison un député, qui est tenu à une double probité. (*Très bien! très bien!*) Rien, je le répète, n'est plus grave que de jeter un nom dans un pareil débat et de dire : « *On a parlé de vous!!* » (*Très bien!*)

Voix à gauche. — C'est ce qu'a fait M. Delahaye.

M. de Cassagnac. — Je ne parle que pour moi. Oui, il est très grave de venir dire ainsi, sans qu'il y ait l'ombre d'une preuve ou d'un indice, et j'ajoute sans qu'on puisse en trouver : « *On a nommé M. Paul de Cassagnac dans les couloirs.* » (*Très bien! très bien! sur divers bancs.*)

Il y a longtemps, monsieur Boissy d'Anglas, que je suis dans le Parlement, j'ai des ennemis, on ne m'a pas ménagé et je n'ai jamais ménagé personne ; eh bien, j'ai du moins cette consolation, pour ma famille et mes enfants, que je peux porter la tête haute, car on ne m'a jamais vu dans les affaires financières. (*Très bien! très bien! à droite*).

Jamais, pour ma part, je n'ai fait partie d'un conseil d'administration. (*Très bien! très bien!*) ; jamais je n'ai été sollicité par personne ; jamais je n'ai mis les pieds à la Bourse.

J'ai donc le droit d'être profondément indigné, n'ayant rien fait pour cela, d'entendre dire qu'on m'a nommé dans cette affaire. Qui, *on?* Venez donc le dire !

Il y a là un acte d'injustice flagrante que vous avez commis à mon égard, monsieur Boissy d'Anglas, et c'est sur le ton de la courtoisie, vous le voyez, que je vous demande de vouloir bien me relever spontanément et volontairement de l'outrage que, sans le vouloir assurément, vous m'avez infligé. (*Applaudissements à droite.*)

M. Boissy d'Anglas répond qu'il n'a voulu, ni de loin, ni de près, porter contre M. de Cassagnac une accusation quelconque. S'il lui a adressé des paroles qui l'indignent, c'est parce que M. de Cassagnac approuvait les insinuations de M. Delahaye mettant en suspicion, sans les nommer, plus de cent de nos collègues...

J'ignore, ajoute M. Boissy d'Anglas, si M. Paul de Cassagnac est coupable ou s'il ne l'est pas ; je suis persuadé qu'il ne l'est pas, je le souhaite vivement ; car dans ces affaires qui intéressent l'honneur du pays tout entier, je n'aime pas à voir même les noms de mes adversaires déshonorés. (*Très bien ! très bien ! à gauche.*)
... S'il est possible qu'il se trouve dans la majorité de cette Chambre des députés compromis dans cette affaire, j'attends avec tranquillité, bien certain que ces messieurs de la droite auront leur bonne part dans l'éclaboussure. (*Vifs applaudissements à gauche. — Interruptions à droite*).

La parole est donnée à *M. Baïhaut* qui désire s'expliquer sur le rapport de M. l'ingénieur Rousseau. Comme ministre des travaux publics dans le cabinet Freycinet, en 1886, M. Baïhaut a reçu le dépôt de ce rapport dont les conclusions, avec des réserves essentielles, n'étaient pas défavorables à l'entreprise de Panama. Mais si ce document avait été publié à ce moment-là, le gouvernement aurait pris une lourde responsabilité. On l'eût sans doute accusé d'intervenir dans le débat et d'influencer les souscripteurs... « Il est vrai, ajoute l'ancien ministre, que parut dans le *Temps* une prétendue analyse du travail de M. Rousseau, mais, sur ma demande, le conseil des ministres ouvrit à cet égard une instruction judiciaire, » laquelle, d'ailleurs, n'aboutit pas. M. Baïhaut termine en disant que le fait d'avoir conservé le rapport secret pendant quelques jours, a eu pour lui les conséquences suivantes :

Lors de la campagne à laquelle M. Numa Gilly a attaché son nom, certaines insinuations ont été dirigées contre ma personne. Je tiens à rappeler simplement à la Chambre que le jour où les membres de la commission du budget diffamés avec moi se rendirent à Nîmes, j'eus soin de me faire accompagner d'un avocat, lequel, au premier mot prononcé à l'audience par le défenseur du diffamateur au sujet de l'indiscrétion du *Temps,* se leva et prit, en mon nom, des conclusions. Quelques jours après, j'intentai un procès devant la cour d'assises de mon département. Je demandai que la lumière se fît complète ; de nombreux témoins furent cités, les débats prirent toute l'ampleur possible, et justice me fut rendue par un arrêt sévère.
Je puis donc dire, en descendant de la tribune, que je suis de ceux, messieurs, QUI ONT SU DÉFENDRE LEUR HONNEUR. (*Applaudissements au centre et à gauche.*) (1)

M. Germain, directeur du Crédit lyonnais, proteste contre les attaques de M. Le Provost de Launay. Il explique ainsi l'opération qu'on a dénoncée :

---

(1) On l'a vu plus haut, dix-huit jours après, le 9 janvier 1893, ce même M. Baïhaut fut arrêté, incarcéré à Mazas, traduit en Cour d'assises et condamné du chef d'avoir touché 375,000 francs (ce qu'il avoua publiquement) de la Compagnie de Panama pour déposer le premier projet de loi des obligations à lots, en juin 1886!...

Le prêt en question a été fait — et je défie tous mes contradicteurs, y compris M. Le Provost de Launay, de le nier, — à 5 pour 100, pas un centime au-dessus.

L'accusateur dit 85 pour 100 et moi 5 pour 100. Quel est le détail qu'il néglige ? Oh ! c'est bien simple ! Il y avait eu à cette même époque une souscription publique au cours de laquelle le Crédit Lyonnais avait souscrit 278,000 obligations et alors M. Le Provost de Launay a appliqué la commission donnée pour cette souscription à l'intérêt de l'avance ! (*Rires.*) ...C'est ce qui explique l'erreur qu'il a commise.

M. Le Provost de Launay répond que ses renseignements sont pris dans la comptabilité même de Panama. *M. Germain* réplique vivement et M. Le Provost de Launay riposte de même. Mais cette altercation n'apporte rien de nouveau au débat.

A son tour, *M. Hély d'Oissel*, au nom de la Société Générale, proteste dans le même sens que M. Germain.

Ensuite on examine de quelle manière sera élue la commission d'enquête parlementaire. *M. Paulin Méry* propose le tirage au sort « en excluant les membres des Chambres précédentes... » Des exclamations retentissent. M. le président Floquet dit que cette proposition est une injure adressée à la représentation nationale, à la France. M. Paulin Méry retire la seconde partie de sa proposition. Le tirage au sort est repoussé par 445 voix contre 99.

Après avoir entendu *M. Goussot*, qui invite la Chambre à se souvenir du droit des minorités, on décide, par 311 voix contre 243, soit à une majorité de 68 voix sur 554 votants, que la commission d'enquête sera élue au scrutin de liste en séance publique.

IV

LE MÉMOIRE-DELAHAYE

Appelé le 25 novembre 1892 à déposer devant la commission d'enquête parlementaire, M. Jules Delahaye donna lecture d'une *Note sur Panama*, dont voici le texte intégral :

Les circonstances dans lesquelles vous avez été nommés sont trop récentes et trop présentes à vos mémoires pour que je vous en fasse l'historique.
Aux termes même de la délibération de la Chambre qui vous a investis de votre mission, vous êtes une commission d'enquête nommée *avec les pouvoirs les plus étendus*, à l'effet de faire la lumière sur les allégations portées à la tribune à l'occasion des affaires de Panama.
Votre rôle consiste donc à rechercher, en toute bonne foi et sincérité et par tous les moyens dont vous pourrez disposer, la vérité.
Le mien — et je n'en accepte pas d'autre — consiste à me mettre à votre disposition, je ne dirai pas pour vous guider, ce serait trop ambitieux, mais pour vous indiquer les voies et les moyens par lesquels vous arriverez en possession de cette vérité, pour vous servir, si j'ose m'exprimer ainsi, d'éclaireur dans la poursuite des responsabilités.
J'ai été amené par l'exercice légitime de mon mandat législatif, c'est-à-dire par le souci des intérêts des citoyens français que nous représentons tous, à rechercher et à saisir une partie de cette vérité. Si j'ai demandé et obtenu la constitution d'une commission d'enquête, c'est parce que, seule, une commission d'enquête

peut mettre en mouvement les facteurs nécessaires à la découverte de toute la vérité.

Mon devoir est de vous aider dans cette tâche, et je l'accomplis ici en vous indiquant méthodiquement les divers procédés d'investigation auxquels vous devez, selon moi, avoir recours.

Affaire Reinach.

J'ai dit que M. le baron Jacques de Reinach avait proposé un forfait à la Compagnie et s'était engagé à faire le nécessaire, comme il le disait, moyennant cinq millions.

Qu'était M. Jacques de Reinach?

C'était un financier très adroit, très habile, doué d'une volonté de fer, ayant beaucoup d'idées et allant jusqu'au bout de toutes ses idées, possédant des relations dans tous les mondes, grâce à sa fortune et aussi grâce à l'aménité de son caractère et au sans-façon de ses allures.

Il était depuis fort longtemps en contact avec les directeurs de l'entreprise de Panama. Il leur avait donné des conseils et rendu des services. C'est lui qui avait été l'inventeur de la combinaison des obligations à lots, qui échoua une première fois au Parlement, en 1886.

Lorsqu'en 1888 l'entreprise fut réduite à la dernière extrémité et acculée à un échec, il revint à la charge et offrit à la Compagnie d'enlever l'affaire auprès des pouvoirs publics moyennant cinq millions.

Les chefs de la Compagnie, à qui certaines besognes répugnaient, acceptèrent. J'ai dit cinq millions pour prendre un chiffre rond; mais en réalité, les sommes allouées à M. de Reinach dépassent ce chiffre et atteignent près de six millions, ainsi que vous pourrez le vérifier. Je m'en tiendrai, pour la commodité du langage, au chiffre primitivement indiqué.

Du moment que M. de Reinach a reçu cinq millions, c'est que ces cinq millions sont sortis des caisses de la Compagnie.

Il est donc, tout d'abord, indispensable de vous faire apporter et d'examiner les livres de la Compagnie pour l'année 1888. Vous aurez à constater à quel chapitre a été passée cette somme, en quelle qualité et pour quels services le baron l'a touchée.

Puis, vous manderez les caissiers et chefs de comptabilité, que vous interrogerez. Enfin, vous ferez appeler MM. Ferdinand et Charles de Lesseps, Cottu, Marius Fontane, administrateurs.

Vous leur adjoindrez MM. Victor de Lesseps, Henri Prévot et de Mondésir, du comité de direction, et vous leur poserez les questions suivantes :

Questions.

Première question. — Est-il à votre connaissance que M. le baron de Reinach ait demandé et obtenu cinq millions?

Deuxième question. — Vous a-t-il laissé entendre que tout ou partie de ces cinq millions devaient être employés pour obtenir des pouvoirs publics l'autorisation nécessaire à l'émission des titres à lots?

Sur la première question, il paraît difficile d'imaginer que ces messieurs aient intérêt à dissimuler la vérité.

Sur la seconde question, il est possible qu'ils adoptent, devant vous, la tactique qu'ils ont suivie.— je crois le savoir, — devant M. le conseiller Prinet, chargé d'instruire contre eux.

Ils ont répondu : « Monsieur le conseiller, nous le regrettons beaucoup, mais il nous est impossible de répondre sur ce point. »

Et comme le conseiller insistait et disait : « Si j'étais administrateur de Panama et si on me posait la question que je vous pose, je ne me croirais nullement lié par le secret professionnel. »

Et comme il ajoutait qu'une pareille réponse équivalait à un aveu, ils se sont cantonnés dans le même mutisme obstiné.

Vous aurez à apprécier le mutisme gardé à l'instruction et que vous pourrez constater, par l'examen des interro-

, gatoires et par la déposition que vous devrez provoquer de la part du conseiller instructeur, qui vous sera d'un secours considérable dans toute votre enquête.

Si donc les personnes interrogées se retranchent derrière un refus de réponse à la seconde question, refus ayant la valeur d'un aveu, vous aurez à leur en poser une troisième :

— Comment justifiez-vous l'importance d'une pareille remise, faite plusieurs mois avant l'émission, à un financier qui, honnête ou non, n'était pas le chef d'une maison de premier ordre?

Il y a pour passation des écritures de ces sortes d'affaires un terme vague, élastique, qui semble tout justifier et qui ne dit rien : c'est celui de « participation financière ». Ce doit être sous cette rubrique que figurent les sommes versées à M. de Reinach.

Dans le cas où les cinq millions attribués à M. Jacques de Reinach figureraient sous cette rubrique dans les livres de la Compagnie et dans les dires des administrateurs, vous demanderez qu'on justifie cette participation, qu'on l'explique, et, de vous-même, vous rapprocherez les cinq millions de M. de Reinach du chiffre apporté à la tribune par M. Germain, dont le grand établissement, le Crédit Lyonnais, a placé 278,000 obligations et n'a touché que 252,000 francs.

Vous aurez également à vous inquiéter de la question de savoir si M. de Reinach a eu des sous-participants, quels sont leurs noms, leurs titres, et comment ils justifient les libéralités de la Compagnie.

Voilà pour la sortie des fonds des caisses de Panama.

Occupons-nous maintenant de leur entrée chez M. de Reinach, ou plutôt dans la maison Kohn-de Reinach et Cie, dont M. de Reinach faisait encore partie à cette époque.

Ici, vous et moi, nous nous trouvons en face d'une situation tout à fait imprévue.

Deux personnes ont travaillé avec les cinq millions de Panama : M. Jacques de Reinach et son collaborateur avéré, M. Arton. M. Arton est en fuite. M. Jacques de Reinach est mort dans la nuit de samedi à dimanche.

Mon interpellation devait être discutée dans la journée du jeudi précédent.

Donc, je ne pouvais prévoir la disparition subite du financier. Il devait être dans ma pensée votre principal témoin et devenir, je l'avoue, votre premier accusé. J'aurais désiré l'avoir pour interlocuteur devant vous, et ce n'est point de ma faute si le dialogue instructif que je comptais établir devant la commission devient un monologue.

Il semblerait que, par le fait de cette mort, les preuves se dérobent. Vous allez voir qu'il n'en est rien et comment on peut les retrouver.

La maison Kohn-Reinach.

Vous manderez devant vous M. Kohn, associé de M. de Reinach, et M. Propper fondé de pouvoirs, devenu aujourd'hui, depuis janvier 1891, successeur de la maison Kohn-Reinach et Cie. Vous leur poserez les questions suivantes :

1º Est-il à votre connaissance qu'un des chefs de la maison de banque ait reçu, en 1888, pour le compte social, une somme de cinq millions ?

2º Comment en avez-vous passé la mention sur vos livres ?

3º A quel emploi ont-ils été affectés ?

4º A quel titre avaient-ils été reçus ?

5º Comment ont été répartis, à l'inventaire, les bénéfices de cette opération ?

6º Dans le cas où sur les livres de la compagnie figureraient une participation pour la maison Kohn-Reinach et une participation pour Reinach seul, comment expliquerez-vous ces deux comptes et leur disproportion, le premier étant modeste, relativement, et le second étant absolument considérable ?

Un dilemme.

Ou bien ces messieurs répondront affirmativement, car ils n'ont aucun intérêt à se dérober à la première question, et, par conséquent, vous fourniront les explications que vous réclamez.

Ou bien ils vous diront qu'ils ignoraient que M. de Reinach eût reçu cette somme, que l'opération était personnelle à M. de Reinach et qu'ils ne la connaissaient point.

Alors, vous demanderez à ces messieurs si le contrat social autorisait M. de Reinach à se livrer à des opérations particulières. Dans le cas où le contrat social n'autorisait pas M. de Reinach à se livrer à des opérations particulières, un point sera acquis : c'est que M. de Reinach a trompé ses associés et a soustrait au compte social une somme de cinq millions, que sa succession devra rapporter à la société Kohn-Reinach.

Dans le cas où le contrat social autorisait M. de Reinach à se livrer à des opérations particulières, il vous restera à examiner quel usage M. de Reinach, en dehors de sa maison, a fait des cinq millions, et quel rôle sa maison a pu jouer dans leur maniement.

C'est là le point capital, le nœud de toute l'affaire, la base de votre enquête.

Cinq millions ne se volatilisent pas. On doit toujours en retrouver la trace, l'emploi. Et cette trace, cet emploi, vous les rechercherez, comme je vais vous le dire, après avoir bien spécifié qu'ils ont dû être reçus et employés ou avec la complicité de M. Kohn, ou à l'insu de M. Kohn.

Ici, une question se pose :

Les cinq millions ont-ils été employés ou non employés ?

S'ils ont été reçus par la maison Kohn-Reinach et non employés, nous devons les retrouver sous une forme quelconque, en caisse ou en dividendes, dans la maison Kohn-Reinach.

S'ils ont été reçus par M. de Reinach tout seul et non employés, nous devons les retrouver intacts dans sa succession.

Alors, sa succession devra justifier que le bénéficiaire a rendu à Panama les services que représentent ces cinq millions, ou bien restituer aux actionnaires de Panama ces cinq millions.

Mais nous allons voir que les cinq millions ont été, sinon

totalement, au moins partiellement employés, et que, précisément, la part qui en est restée dans les mains de M. de Reinach a été le prix des services qu'il a rendus à la Compagnie avec l'autre part.

Et c'est ici que va apparaître un personnage important : M. Arton.

M. Arton.

Pendant plus d une année, les membres de l'ancienne Chambre n'ont pas pu mettre les pieds dans les couloirs sans s'y heurter à un homme de mine assez commune qui connaissait tout le monde, avait des entretiens confidentiels avec quantité de députés, et n'appartenait cependant à aucune des catégories de personnes dont la présence est tolérée dans nos locaux.

Qu'y venait-il faire? Tout le monde le savait, et à un nouveau député qui aurait demandé ce que c'était que ce visiteur tenace, inévitable, tout le monde eût répondu : c'est l'homme de Panama.

Le rôle de M. Arton, comme collaborateur, comme instrument de M. de Reinach dans la manipulation des cinq millions, comme distributeur des chèques, désormais fameux, est avéré pour tout le monde. Néanmoins, il doit être prouvé.

Les chèques.

Vous savez tous ce que c'est qu'un carnet de chèques. C'est un cahier qui contient un certain nombre de feuilles timbrées par l'État, imprimées au nom d'une maison de banque et dont chacune est séparée en deux parties par un pointillé.

Le possesseur du carnet, le tireur inscrit sur la première partie de chaque feuille une somme, signe, détache cette partie, la remet à un créancier ou bénéficiaire quelconque. Ce dernier se présente à la maison de banque inscrite sur la feuille, touche la somme qui lui est allouée sur les fonds déposés par le signataire et acquitte le chèque au dos.

L'autre partie de la feuille est restée en possession du tireur, à la souche du carnet, en guise de contrôle. Elle s'appelle le talon.

M. de Reinach et son agent, M. Arton, étaient en possession de carnets de chèques. Ils inscrivaient les sommes, détachaient les feuilles et gardaient les talons.

Il a été dit que cent soixante-douze de ces chèques avaient été détachés et donnés à des hommes politiques. Je n'ai pas besoin de vous dire que c'est là une rumeur publique corroborée par d'innombrables témoignages. Je commence par établir la rumeur. Nous verrons ensuite comment on établira les faits.

La rumeur.

Quant à la rumeur, vous la connaissez tous ; c'est le bruit de vos couloirs, comme c'était le bruit de tout Paris. Et je dis en passant que le seul fait que des bruits aussi graves fussent journellement colportés parmi nous, justifiait amplement mon interpellation, ma demande d'enquête et notre présence ici. Car, à eux seuls, ils compromettaient l'honneur du Parlement.

C'était si bien le bruit des couloirs, qu'un de nos collègues a pu dire à un autre, dont l'honorabilité est au-dessus de tout soupçon : « On vous désigne. »

Donc, vous pouvez citer ici sept cent cinquante députés, leur poser cette question : « Est-il vrai que dans les couloirs de la Chambre le bruit circulât qu'un certain nombre de vos collègues avaient été achetés par Panama! » Sept cent cinquante députés vous répondront tous : « Oui. »

Nos trois cents sénateurs, également cités, feraient probablement la même réponse.

Un de nos collègues, M. Le Provost de Launay, vous dira même quelque chose de plus précis.

Il vous rapportera une conversation qu'il a eue avec M. Prinet, le conseiller instructeur. Il vous dira que M. Prinet ne lui a pas fait mystère qu'il avait dans les dossiers de Panama les noms de six cents personnes soudoyées par l'argent de la Compagnie.

Vous entendrez ce collègue, et vous entendrez encore M. le conseiller Prinet.

Vous irez plus loin et plus haut. Vous ferez comparaître ici, personnellement, tous les ministres, l'un après l'autre, et à chacun d'eux vous poserez la question suivante :

— Pouvez-vous déclarer, sur votre honneur, que vous n'avez jamais eu et que vous n'avez pas en votre possession une liste de représentants de la nation française ayant touché de l'argent à propos de l'affaire de Panama?

Un journal a raconté qu'un député breton a été l'objet de tentatives de corruption qu'il a repoussées. Ce journal, c'est le *Figaro*. Vous interrogerez le rédacteur du *Figaro*. Vous saurez le nom du député breton, et vous ferez déposer ce collègue.

Un autre journal a raconté que la mort bizarre du baron de Reinach devait être attribuée au fait suivant :

Il aurait porté à un ministre la liste des personnages compromis, afin de lui prouver que les poursuites étaient impossibles. Ce ministre aurait gardé la liste, aurait refusé de la rendre au baron, qui, désespéré, affolé, serait rentré chez lui et serait mort.

Ce journal, c'est le *Gaulois*. Je m'y suis rendu. J'ai fait mon enquête. Vous ferez appeler M. Cavalier, secrétaire de la rédaction du journal. Il vous dira de qui il tient cette histoire. Vous interrogerez ensuite le personnage qui la lui a racontée.

Des noms. — Des preuves.

Mais cela ne vous suffira pas. Une rumeur n'est pas une preuve; une liste n'est pas non plus une preuve. Une liste, c'est un certain nombre de noms mis sur une feuille de papier. Tout le monde peut en faire une. Les journaux en dressent chaque matin, et l'homme le moins suspect de France, le ministre le plus honoré, vous apportassent-ils une liste, des noms, que vous seriez encore en droit de leur demander des preuves matérielles.

Quand, l'autre jour, à la tribune, tout le monde me criait : « Des noms! des noms! » Si j'avais commis l'imprudence d'obéir et de citer des noms, tout le monde m'eut crié : « Des preuves ! des preuves ! » La question n'aurait pas été résolue; elle aurait été déplacée.

C'est pourquoi je n'ai point prononcé de noms. C'est pourquoi je n'en prononcerai point davantage devant vous. Ces noms, vous les découvrirez vous-mêmes, en trouvant les preuves. Ces preuves sont les chèques laissés par ceux qui en ont touché le montant.

Et, à défaut de ces chèques, en admettant même que les feuilles libres et les talons et les souches aient été subtilisés, auquel cas nous retomberions dans l'hypothèse des cinq millions non employés et, par conséquent, restituables aux actionnaires de Panama, ces preuves résident encore dans les livres des banquiers qui ont payé les chèques.

Vous demanderez donc à feuilleter les livres de la maison Propper, ou plutôt les livres de l'ancienne maison Kohn-Reinach; car, s'il a été présenté un chèque, un seul, vous devez trouver à la fois le chèque et sa mention dans les écritures. Vous ferez venir les caissiers et employés de la maison Kohn-Reinach et vous leur demanderez s'ils ont, dans l'année 1888, payé des chèques, soit au nom de la maison, soit au compte de M. de Reinach, soit au compte particulier de M. de Reinach, soit au compte de M. Arton.

Vous les prierez et vous prierez M. Kohn de mettre à votre disposition, ainsi que je viens de le dire, les chèques eux-mêmes ou, à leur défaut, les noms des bénéficiaires.

Vous appliquerez les mêmes procédés à l'égard des livres, des chefs et des employés d'une autre honorable maison: la maison Thierrée et Cie, coulissière à la Bourse, 22, rue de la Banque. La maison Thierrée est commanditée par la maison Kohn-Reinach. Le baron de Reinach faisait en cette maison la plus grande partie de ses affaires. La maison Thierrée et Cie avait comme teneur de carnet M. Propper, frère du successeur de la maison Kohn-Reinach qui y est encore attaché.

Hommes de paille.

Ici, vous vous trouverez en face d'une difficulté, car, vraisemblablement, les noms des bénéficiaires ne vous apprendront que peu de chose. L'enfance de l'art consiste, quand on ne veut pas que son nom figure sur un chèque et demeure dans les livres d'une société, à faire acquitter le chèque par son valet de chambre, son bottier ou son garçon de bureau.

Vous serez donc obligés d'aller plus loin : demander les personnes dont les noms figurent au dos des chèques et de leur poser la question suivante :

Est-ce pour votre compte que vous avez touché cet argent?

Si ces personnes répondent affirmativement, elles devront établir la contre-partie et quels services elles ont rendus pour justifier les sommes qu'elles ont touchées; et si elles ne font pas cette preuve, elles devront restituer.

Si elles répondent négativement, elles devront vous dire pour le compte de qui elles ont reçu les fonds qu'elles ont touchés. Votre enquête sera, à ce moment, tellement serrée, que la vérité surgira d'elle-même.

Mais ce n'est pas encore tout.

Vous demanderez aux divers employés de la maison Kohn-Reinach, qui déposeront devant vous, s'ils ont vu M. Arton journellement dans leurs bureaux; quelle était sa situation dans leur maison. Vous interrogerez sur ce fait MM. Kohn et Propper. M. Arton étant détenteur des carnets des chèques, son nom doit être aussi connu que sa personne dans les maisons qui ont payé.

Plis cachetés.

Les relations étroites, la fréquentation assidue de M. Arton dans la maison Kohn-Reinach sont des plus importantes à établir, et il est d'un intérêt considérable de démontrer non seulement que ces relations ont existé, mais qu'elles subsistent encore.

En conséquence, voici un pli cacheté. Vous l'ouvrirez en présence de M. Propper. Vous poserez à ce financier la question contenue dans ce pli. J'estime que sa réponse jettera sur ce point spécial de la situation un jour très lumineux.

Pour le cas, cependant, où M. Propper refuserait de répondre ou répondrait par une dénégation, voici un second pli cacheté. Il contient les noms de deux personnes que vous devrez mander immédiatement et confronter avec M. Propper, en le priant de rester à votre disposition, de façon qu'il lui soit impossible de communiquer avec ces personnes avant leur comparution devant vous.

Les talons.

Ceci dit, il reste encore autre chose. Il reste un autre ordre de preuves matérielles. Vous aurez vu les chèques. Il sera nécessaire de rechercher les talons de ces chèques. Les talons de ces chèques sont dans les papiers de deux personnes. L'une est morte : c'est M. de Reinach; l'autre est en fuite : c'est M. Arton. Je ne suis responsable ni de cette mort ni de cette fuite.

Si les talons des chèques sont dans les papiers de M. de Reinach, son liquidataire judiciaire les y trouvera et vous les donnera. C'eût été un acte gouvernemental légitime et même nécessaire que de faire apposer les scellés chez M. de Reinach, à la première nouvelle de sa mort, au moins bizarre en face des circonstances qu'il traversait. Mais je ne suppose pas qu'une main intéressée ait soustrait dans ses tiroirs n'importe quel document compromettant pour lui ou pour autrui.

Quant à M. Arton, vous êtes munis des pouvoirs les plus étendus. Vous n'excéderez certainement pas ces pouvoirs en employant la police à savoir où il se trouve et en lui proposant un sauf-conduit pour venir déposer devant vous

Ce jour-là, vous en saurez déjà assez pour n'avoir pas besoin que je vous indique les questions qu'il conviendra de lui poser. Néanmoins je me tiendrai, comme aujourd'hui, à votre disposition.

J'en ai fini avec le cas de M. de Reinach, auquel se rattachent les accusations générales et collectives qui visent le monde politique.

J'aborde maintenant un autre ordre de faits plus spéciaux, dont il a été question dans mon discours.

Faits spéciaux.

Naturellement, sur les cinq millions qu'il avait touchés, M. de Reinach entendait bien conserver pour lui une part aussi grosse que possible, et quoiqu'il eût conclu avec la Compagnie de Panama ce qu'on appelle un forfait, tout son jeu consistait à mettre en dehors de ce forfait des exigences supplémentaires. Il ne songeait pas le moins du monde à incorporer, comme l'essaie M. Rouvier, son budget extraordinaire dans son budget ordinaire. Aussi, quand il se trouvait en face de ces appétits qui sortaient de la moyenne qu'il s'était fixée, il se rendait à la Compagnie de Panama. Il voyait MM. Ferdinand et Charles de Lesseps, Cottu, Marius Fontane, et surtout Charles de Lesseps.

C'est ainsi qu'un jour il alla trouver MM. Ferdinand et Charles de Lesseps et leur exposa l'intérêt qu'il y avait à se concilier les pouvoirs publics au moment de la campagne boulangiste, surtout alors qu'on accusait la Compagnie d'avoir des tendances boulangistes. Il ajouta que les fonds secrets du ministre de l'Intérieur étaient épuisés et qu'il fallait 300,000 francs.

M. de Lesseps bondit, et son premier mot, qui vous paraîtra peut-être familier entre si importants personnages et devant de si importants événements, fut : « C'est encore une carotte! »

— Mais non, répliqua M. de Reinach ; envoyez M. Arton chez M. Floquet.

Vous poserez à M. Charles de Lesseps les questions suivantes :

1º Est-il à votre connaissance qu'au moment de l'élection du Nord on ait fait exprimer, en se servant du nom de M. Floquet, à votre père ou à vous, le désir que 300,000 fr.

fussent remis, par les soins d'Arton, à des personnes désignées ?

2º Est-il à votre connaissance qu'un journal du soir et un journal du matin aient reçu chacun 100,000 francs, et que 100,000 francs aient été, en outre, distribués en une seule fois à diverses autres personnes ?

3º Ne vous êtes-vous pas, votre père ou vous, dans l'automne de l'année 1888, rencontré avec M. Floquet, peu de temps après l'élection du Nord, et n'espériez-vous pas trouver auprès de lui un accueil favorable ?

Vous rechercherez sur les livres de Panama si, dans cette période, cette somme est inscrite quelque part, soit au compte publicité, soit à tout autre compte, sans pouvoir être justifiée par des pièces de caisse probantes. Car, vous ne devez pas ignorer que, dans la comptabilité, chaque article écrit sur un livre doit se rapporter à une pièce de caisse, à un reçu, à un compte, à une preuve matérielle et signée, et que, dans une entreprise comme celle de Panama, il y a toute une échelle d'employés, de comptables responsables, non pas des fautes de l'entreprise, mais des irrégularités de leurs écritures.

Le chèque de 400,000 fr.

J'ai parlé d'un chèque de 400,000 francs payé à un ancien ministre. Ce chèque, je crois pouvoir vous dire que vous le trouverez à l'instruction, entre les mains de M. Prinet. Je crois pouvoir également ajouter qu'il fut touché à la Banque de France, où vous pourrez en retrouver la trace, par un employé supérieur de la Société de la Dynamite, décoré.

Puisque je parle de la Dynamite, il est bien inutile que je dissimule le nom de l'ancien ministre : c'est M. Barbe.

M. Arton était, vous ne l'ignorez pas, quelque chose comme secrétaire de la « Société de la Dynamite », et il était naturel qu'il essayât de se rendre agréable et utile à ses collègues. Il était naturel qu'il employât en leur faveur sa situation auprès de M. de Reinach et ses relations avec

Panama, qui dataient d'une rencontre avec M. de Lesseps et d'un voyage fait en commun avec lui sur un paquebot transatlantique.

Vous observerez, à ce propos, ce fait curieux :

En 1888, tout le groupe parlementaire de la Dynamite vota en faveur de Panama. Admettons que le chèque que vous devez trouver chez M. Prinet n'y a été pour rien.

Parmi les autres chèques que vous découvrirez forcément, si vous appliquez la méthode que je vous indique, vous en remarquerez un à titre de spécimen, qui est de cinquante mille francs, et qui est acquitté par un garçon de bureau nommé Davoust.

Vous interrogerez ce brave homme. Vous lui demanderez quels services correspondants à cette somme il a pu rendre à la Compagnie de Panama, et vous joindrez à son interrogatoire celui de Vlasto, un financier bien connu, dont les relations amicales, intimes, avec certain ministre, ne sont un mystère pour personne.

Quant au journal sans valeur marchande acheté 200,000 francs par la Compagnie, il s'agit du *Télégraphe*. Cet achat a donné lieu à un acte notarié. Vous vous le ferez apporter. Vous examinerez les noms qui y figurent et les tenants et aboutissants des gens qui portent ces noms. Je dois vous prévenir, d'ailleurs, loyalement que cet achat est antérieur aux faits qui ont motivé les poursuites judiciaires.

(Ici, M. Delahaye demande et promet le secret sur une partie de sa déposition, à cause d'un intérêt patriotique.)

Le onzième député.

J'arrive enfin au fameux onzième député qui, au vu et au su de tout le monde, lors de l'émission des titres à lots, fît, à lui tout seul, pencher la balance dans le sens de la Compagnie et qui, après s'être mis à la baisse sur les actions de Panama, parce qu'il avait l'intention de leur porter un coup terrible, retourna tout à coup sa veste et son vote, persuadé par des arguments sonnants, lâcha ses gains de

Bourse pour un gain plus immédiat, et ruina son trop confiant associé.

Celui-là, il est impossible de ne pas le nommer, puisque M. Maret l'a fait intervenir dans un entretien non démenti, et puisque son action seule l'indique : c'est M. Sans-Leroy. Vous interrogerez les administrateurs de Panama sur les sorties des sommes qu'il a touchées, soit par eux, soit par Arton.

Au cours de mes investigations sur toute cette affaire, je me souviens d'avoir lu dans le *Gaulois* une allusion à M. Sans-Leroy à propos d'un débat dont vous n'avez pas perdu souvenance, et dans lequel étaient intéressés M. Thévenet, ministre de la justice, et M. Jacques Mayer, qui eut un instant, je crois, M. Thévenet pour conseil.

J'allai trouver le directeur du *Gaulois*, M. Arthur Meyer, et voici ce qu'il me répondit : « Ce que vous me racontez là est peut-être vrai ; mais je ne veux m'expliquer sur des faits qui, sans intéresser le secret professionnel, pourraient compromettre des particuliers, que devant un juge d'instruction ou une commission régulière ».

Vous êtes une commission régulière : interrogez M. Arthur Meyer.

Résumé.

Je me résume. Par suite de la mort de M. de Reinach, qui aurait pu tout vous apprendre, vous avez à suivre les cinq millions et plus qu'il a touchés à la Compagnie de Panama. Vous avez à les prendre à leur sortie des caisses de la compagnie, à les suivre à leur entrée chez M. de Reinach, soit comme associé de sa maison de banque, soit comme particulier, à les retrouver soit dans la maison de banque, soit dans la succession-Reinach, à surveiller leur transformation en chèques, en vous servant des livres des maisons intéressées et des témoignages des personnes employées, à vous faire représenter les chèques, à en interroger les signataires, à en retrouver les talons.

Quand vous aurez fait ces différentes opérations, vous aurez fait la lumière, et les administrateurs de Panama, qui auront comparu devant la commission, vous paraîtront, comme à moi, peut-être plus dignes de pitié que de colère.

Ces millions, vous seuls pouvez les retrouver. Il faut que vous les retrouviez ; car si vous ne les retrouvez pas, il restera acquis qu'ils ont été distribués. Tous les députés qui faisaient partie de l'ancienne Chambre ont assez témoigné par leurs manifestations, lorsque j'étais à la tribune, combien ils ont intérêt à ce qu'au lieu de planer sur eux, toutes les suspicions publiques se concentrent sur la tête des véritables coupables.

Il vous faut donc ces 5 millions, sous les formes qu'il a plu aux intéressés de leur donner.

Et comme cinq millions, encore une fois, ne disparaissent pas sans laisser de traces, vous les aurez, si vous les voulez avec obstination.

Dans mon interpellation, — et c'est par là que je terminerai cette Note destinée à rester sur votre bureau et dont j'ai d'ailleurs pris copie, — dans mon interpellation, j'ai dit à la Chambre que je montrerais à la commission la clef des tiroirs où sont renfermées les preuves de tous les faits dont s'alimentent depuis deux mois les conversations et que j'ai cru devoir dénoncer à la tribune.

Cette clef, je crois vous l'avoir mise dans les mains.

C'est à vous maintenant de vous en servir.

V

DÉCLARATIONS
DE M. CHARLES DE LESSEPS
A MM. LE PROVOST DE LAUNAY
ET DE LAMARZELLE

Députés.

En 1890, MM. Le Provost de Launay et de Lamarzelle avaient demandé la discussion de la pétition déposée à la Chambre par les obligataires de Panama.

A la suite de cette demande, M. Charles de Lesseps proposa à M. de Lamarzelle une entrevue pour lui fournir des explications à ce sujet.

Cette entrevue eut lieu le 6 juin 1890.

M. Le Provost de Launay y assista et, au sortir de la conversation, M. de Lamarzelle en rédigea la teneur à titre de document.

Appelé devant la commission d'enquête parlementaire, le 24 novembre 1892, il donna lecture de cet écrit dont voici le texte :

Les explications de M. Charles de Lesseps ont porté sur deux points : 1° les frais d'émission ; 2° les fortunes réalisées par les entrepreneurs.

Au sujet des frais d'émission, M. Charles de Lesseps disait :

Nos frais d'émission n'ont pas été aussi considérables qu'on le dit. M. Christophle, dans sa lettre au *Temps* (lettre adressée à ce journal au lendemain de l'interpellation-Lévêque), déclare que les frais d'émission de la Ville de Paris atteignent 10 pour 100. Nos frais d'émission n'ont jamais atteint cela, sauf peut-être dans la dernière émission, celle des obligations à lots.

En calculant sur le chiffre total de fonds qu'eût dû produire l'émission, le conseil d'administration allouait telle somme pour ces frais, mais j'entendais qu'il n'intervînt pas dans les questions de détail et je demandais pour cela carte blanche. Il est bien entendu que j'ai néanmoins par devers moi toutes les pièces justificatives des sommes que j'ai versées. J'ai les reçus de tout l'argent donné aux journalistes.

Tout cela est entre les mains du liquidateur.

S'occupant du syndicat de garantie, M. Charles de Lesseps s'est exprimé en ces termes :

Syndicat de garantie. — Passons maintenant au syndicat de garantie. Voici la chose en deux mots. Il faut aujourd'hui, pour lancer une émission, un Syndicat de garantie composé des grandes sociétés de crédit : Société Générale, Crédit Lyonnais, etc., des gros et des petits banquiers. Ce syndicat ouvre ses guichets moyennant une commission qui varie suivant le cas, tant par titre.

Si on ne forme pas de syndicat, pas de guichets ouverts, car toute la clientèle qui souscrit aux émissions appartient à ces maisons de crédit et à ces banquiers. Si vous n'avez pas leur clientèle, votre souscription n'est pas couverte. Ces établissements touchent ainsi une grosse somme. Vous me direz : Mais c'est légitime, puisqu'ils subissent un risque en garantissant l'émission...

C'est vrai. Mais ce risque, la plupart du temps ils ne le courent pas, ils se contentent de toucher un droit de commission, tant par titre, sans rien garantir, et, encore une fois, nous sommes obligés de passer par là, sous peine de n'avoir pas la clientèle des émissions.

Aussitôt que l'émission est annoncée, c'est à qui fera

partie du syndicat. Nous recevons la visite de quantité de gens qui viennent nous dire : « Je vaux tant. Donnez-moi tant! » Ce ne sont pas seulement des banquiers qui nous tiennent ce langage, ce sont des gens du monde qui loueront ou éreinteront l'opération dans leur milieu, suivant qu'on leur donnera ou qu'on leur refusera la somme demandée, — et parmi tous ces gens il n'y a pas seulement des hommes tarés, des petits banquiers véreux ; il y a aussi des gens connus, très haut placés, jouissant dans le monde de situations élevées et, je dois le dire, tous ceux-là sont cyniques.

Sur le second point, la fortune des entrepreneurs, M. de Lesseps a dit :

Il n'y a rien d'étonnant à ce que les entrepreneurs de Panama aient fait de beaux bénéfices. Suez, dans les derniers temps surtout de la construction, a été sur le point de faire faillite; la faillite se fût produite à ce moment que les entrepreneurs de Suez, qui ont gagné leur fortune, auraient tout de même gardé leur fortune et cela justement. Cette fortune des entrepreneurs de Suez, le public ne trouve rien à y dire en ce moment ; elle serait tout aussi légitime si Suez n'avait pas réussi.

Nous traitons avec les entrepreneurs pour tant de mètres cubes à enlever à tant le mètre cube à forfait. Aussitôt qu'ils ont enlevé le nombre de mètres cubes convenu, tout est dit pour eux. Pour Panama évidemment, il fallait leur faire des prix forts. Ils risquaient gros là-bas; l'homme ne peut rester plus de trois ans à Panama. Tous les contrats conclus avec les entrepreneurs ont été examinés par M. Brunet. Tous les entrepreneurs ont eu leur « quitus » avec l'homologation du tribunal.

Un seul a été réduit de trois millions. C'est M. Eiffel.

Je dois m'étendre un peu sur le cas de M. Eiffel, car l'opinion publique s'occupe beaucoup de lui en ce moment. M. Eiffel ne voulait pour les écluses se charger d'abord que du fer. J'ai refusé afin qu'il n'y eût pas de difficultés continuelles entre les entrepreneurs de terrassements et les entrepreneurs de fer.

M. Eiffel a fini par accepter les deux choses. Il les a acceptées à un prix très fort, 35 francs le mètre cube au lieu de 20 francs, mais je voulais aller vite, gagner du temps, et la vitesse je devais la payer.

M. Eiffel a très bien exécuté ce travail, très régulièrement ; il a terminé à jour fixe ce qu'il avait promis de faire. Tout s'est passé comme pour la Tour. M. Eiffel a rendu trois millions, il est vrai, mais il a son « quitus », et cela avec l'homologation du tribunal.

Je désirerais, vous le comprenez, me défendre publiquement et répondre à toutes les attaques dirigées contre moi. Si je ne le fais pas, c'est parce que j'ai peur de nuire à l'avenir de l'opération, auquel je crois encore. Je vous prie, vous aussi, de songer à cela. Si vous attaquez certaines personnes, certaines choses, vous allez compromettre l'entreprise, vous contribuerez à la faire prendre par les Américains ; et puis, sachez bien une chose, c'est que ceux qui attaquent Panama veulent atteindre Suez.

Vous ne vous figurez pas les difficultés que nous avons eues de tout temps pour Suez, difficultés dont nous sommes sortis à notre honneur.

VI

PROTESTATION DES AVOCATS

Les avocats des accusés du Panama devant la Cour d'appel : Mes du Buit, Barboux, Waldeck-Rousseau et Martini, adressèrent, le 26 novembre 1892, la protestation collective suivante à M. le procureur général Quesnay de Beaurepaire, sur la question de la communication du dossier de la poursuite judiciaire à la commission d'enquête :

Paris, 26 novembre 1892.

Monsieur le procureur général,

Nous avons lu ce matin dans tous les journaux un compte rendu de la séance tenue par la commission d'enquête parlementaire, et les promesses que lui auraient faites les ministres de l'intérieur et de la justice. Ils auraient offert à la commission de lui donner communication du dossier de la poursuite judiciaire dirigée contre nos clients, et même « de faire faire pour elle une copie authentique de toutes les pièces. »

Un pareil langage et de telles promesses nous ont causé la plus vive surprise, et nous faisons appel à votre fermeté et à votre justice pour empêcher cette violation flagrante de toutes les règles du droit criminel et des principes les plus sacrés du droit de défense.

L'un des ministres aurait dit que « cette communication était sans danger parce que les débats étaient publics et le dossier à la disposition des avocats. »

D'abord et en fait, M. le ministre était mal informé. On nous remettra aujourd'hui seulement une copie du rapport de l'expert. Pour le dossier lui-même, il ne nous sera communiqué que le 8 décembre, parce que jusqu'à cette date le parquet en a besoin.

Quant à la publicité des débats, si M. le ministre croit que le secret de l'instruction n'existe que pour les affaires qui doivent être jugées à huis clos, il se trompe. Le secret absolu de l'instruction est la règle essentielle de notre droit criminel, et ce secret est protégé contre toute indiscrétion par l'article 38 de la loi de 1881 ainsi conçu : « Il est interdit de publier les actes d'accusation et tous autres actes de procédure criminelle ou correctionnelle avant qu'ils aient été lus en audience publique, et ce, sous peine d'une amende de 50 francs à 1,000 francs. »

Nous ne nous arrêterons pas à établir que la communication d'un dossier à trente-trois personnes qui ont eu le soin de déclarer qu'elles ne s'imposaient aucun secret, équivaut à une communication faite au public ; et nous nous bornerons à vous rappeler le commentaire qu'ont donné de cet article M. Labordère, rapporteur de la loi de 1849, et M. Lisbonne, rapporteur de la loi de 1881 :

« C'est surtout, dit M. Labordère, par respect pour le droit sacré de la défense qu'il est indispensable d'empêcher la publication de la procédure. Les inculpés n'auraient aucun refuge, aucun appui contre les divulgations à l'aide desquelles pourraient se produire la diffamation et la calomnie. Ils n'auraient même pas, en certain cas, contre de pareilles attaques, la tardive et insuffisante ressource de l'audience ; l'interdiction de publier les actes d'accusation n'aurait, dans tous les cas, qu'une incomplète efficacité, si elle ne s'étendait pas sur les actes de la procédure qui y a donné lieu. Cette publication anticipée nuirait d'ailleurs à la défense, en ce qu'elle propagerait d'avance une sorte d'opinion commune, qui, avant les débats, flétrirait les accusés et les désignerait au jury comme coupables. »

« Cette interdiction, dit de son côté M. Lisbonne, a été considérée comme une garantie due à ceux qui sont appelés à se défendre devant la justice répressive. »

Bien loin que les circonstances actuelles soient faites pour rendre inutiles les précautions prises par la loi, il est vrai de dire, au contraire, que jamais leur observation rigoureuse n'a été plus nécessaire. L'information ne paraît pas même avoir été une instruction régulière, dans laquelle les inculpés auraient dû être confrontés avec les témoins. Les chiffres et les appréciations que peut contenir le rapport de l'expert n'ont jamais été l'objet d'une discussion contradictoire. Jamais moins de garanties n'ont été offertes à la défense, et quand les débats s'ouvriront devant la Cour, le 10 janvier, il sera vrai de dire que personne ne connaît encore les moyens de défense de ceux qui comparaîtront alors devant elle.

Et ce sont de pareils documents que le ministre de la justice s'apprête à livrer à toutes les impressions de l'opinion ! Et le ministre qui s'expose ainsi à compromettre la défense des accusés est celui-là même qui a donné l'ordre de les poursuivre !

Nous protestons avec la dernière énergie contre cet intolérable abus, et c'est à la Cour, tout d'abord, que nous en appelons pour sauvegarder les droits de la défense qui, jusqu'ici, dans notre pays, n'ont jamais été méconnus.

Veuillez agréer, monsieur le procureur général, l'assurance de notre profond respect.

H. DU BUIT, HENRI BARBOUX, CH. MARTINI,
WALDECK-ROUSSEAU.

VII

L'INTERPELLATION-DÉROULÈDE

Dans la séance du 20 décembre 1892, M. Paul Déroulède, député de la Charente, demanda à interpeller le gouvernement sur les mesures disciplinaires à prendre par le grand chancelier de la Légion d'honneur au sujet de M. Cornélius Herz.

M. Floquet présidait :

Le gouvernement accepta séance tenante.

M. Déroulède prend la parole :

Si j'ai insisté, dit-il, pour soumettre aujourd'hui à l'attention de la Chambre la situation particulière de l'étranger Cornélius Herz, c'est que je voudrais que demain, au sortir de ces douloureux débats, toutes ces tristes questions soient épuisées, et que nous puissions enfin donner notre temps aux affaires du pays.

N'est-il pas extraordinaire que le plus indemne de tous ceux qui ont pris part aux affaires dont nous avons le triste devoir de nous occuper aujourd'hui, soit cet étranger qui a passé la mer avec sa fortune, et qui n'a laissé ici qu'une part de son honneur?

C'est cette part que, je l'espère, nous allons lui retirer le plus tôt possible.

Je sais que le grand chancelier ne peut radier un membre de la Légion d'honneur qu'après une condamnation, mais la suspension est une mesure qu'on peut toujours demander et qui peut être immédiatement appliquée.

On ne peut laisser plus longtemps à cet homme des insignes qui en font un des principaux personnages de la France.

Vous comprenez qu'il ne faut pas laisser plus longtemps à cet homme le droit de porter les insignes qui avaient fait de lui un des principaux personnages de l'État français. (*Rumeurs sur divers bancs.*)

Oui, à une heure décisive, dans une circonstance des plus critiques, qui arrachait des mains de M. Rouvier le portefeuille des finances et qui devait coûter le soir la vie à M. de Reinach, l'homme qui était l'arbitre de ces destinées, celui aux pieds de qui on se jetait, celui à qui on demandait grâce et dont on tâchait d'obtenir le silence, ce n'était ni le président de la République, ni le président d'un tribunal, ni le président du conseil : c'était M. Cornelius Herz! Vous nierez en vain, l'histoire est là! (*Applaudissements à droite et sur plusieurs bancs à l'extrémité gauche de la salle.*)

Je regrette que vous m'ayez lancé sur ce terrain, mais puisque j'y suis, j'y resterai. Aussi bien l'Affaire de Panama s'y rattache intimement, car il faut bien tout dire.

M. le Président. — Monsieur Déroulède...

A droite. — Parlez! Parlez!

M. Paul Déroulède. — Monsieur le président, il faut que je m'explique et que j'explique à la Chambre, puisqu'elle l'a demandé... (*Dénégations au centre.*)

Je dis qu'un instant avant l'heure où M. de Reinach se suicidait, un jour avant que M. Rouvier démissionnât, alors que les plus gros événements étaient suspendus sur nos têtes, il y avait eu un conciliabule secret, non pas chez le chef de l'État, chez des magistrats, chez des juges, chez le préfet de police ou chez des ministres, mais chez et avec ce M. Cornélius Herz qu'on avait mis si haut, qu'on avait fait si lestement monter de grade en grade jusqu'aux plus hautes dignités de notre Légion d'honneur, et qui avait réellement l'air d'être le maître omnipotent des pouvoirs publics et de tenir dans ses mains tous les fils mêmes du Parlement français (*Très bien! très bien! à droite et sur divers bancs à l'extrémité de la salle.*) Voilà ce qui m'étonne, voilà ce qui m'inquiète. (*Rumeurs.*) Et c'est pour commencer à le faire un peu descendre de ces hauteurs menaçantes et mystérieuses que je demande que M. Herz perde enfin la qualité de grand-officier de la Légion d'honneur.

Et vous le dirai-je, Messieurs? Ce qui me surprend le plus, ce n'est pas qu'il ait fini — en fort peu de temps cependant — par être nommé grand-officier. Ce n'était là qu'une conséquence forcée des autres grades; mais pourquoi commandeur? pourquoi officier? pourquoi chevalier? Quel est son premier titre? Voilà l'énigme, voilà le grief.

Qui donc parmi nous est venu proposer de lui faire place dans nos rangs? Qui donc a, peu à peu, et si vite en même temps, introduit, patronné, nationalisé en France cet étranger? Car vous vous rendez bien compte qu'il ne s'est pas présenté tout seul, que ce n'est même pas un autre étranger qui l'a pris par la main et poussé au milieu de nous : il y a fallu un Français, un Français puissant, influent, audacieux, qui fût tout ensemble son client et son protégé, son introducteur et son soutien.

Sans patronage et sans patron, le petit juif allemand n'aurait pas fait de telles enjambées sur la route des honneurs, il n'aurait pas mis si peu d'années à sortir si complètement, si brillamment de son bas-fond. Je le répète, il lui a fallu un présentateur, un ambassadeur pour lui ouvrir toutes les portes et tous les mondes, le monde politique surtout. Il lui a fallu le plus complaisant et le plus dévoué des amis pour qu'il pût frayer d'égal à égal, de pair à compagnon, tantôt avec les ministres, tantôt avec les directeurs de journaux, tantôt même, je le sais, avec le général Boulanger. (*Ah! ah! au centre.*)

Or, ce complaisant, ce dévoué, cet infatigable intermédiaire si actif et si dangereux, vous le connaissez tous, son nom est sur toutes vos lèvres ; mais pas un de vous, pourtant, ne le nommerait, car il est trois choses en lui que vous redoutez : son épée, son pistolet, sa langue. Eh bien, moi, je brave les trois et je le nomme, c'est M. Clémenceau ! (*Mouvement.*)

Voilà la vérité ! (*Applaudissements à droite et sur divers bancs à l'extrémité gauche de la salle.*)

M. le Président. — Monsieur Déroulède, je ne peux pas vous permettre d'interpeller un de vos collègues. Veuillez revenir à la question. (*Très bien ! très bien !*)

M. Paul Déroulède. — Mais je suis dans la question, c'est elle que j'examine, que je résous. Je montre le protecteur pour faire mieux voir et mieux comprendre le protégé. Ecoutez un peu par qui et comment je l'ai connu. L'anecdote est instructive, elle est même probante.

Il faut, je vous l'assure, non pas du courage, mais de l'amour pour le bien public, pour me résoudre à tenir ce langage et à vous dire tout ce que je crois être la vérité sur ce qui s'est passé.

C'est qu'aussi dans une journée pareille à celle-ci, dans une situation où la faux de la justice a déjà atteint et fauché tant de têtes, il m'a semblé inique que celle-là fût respectée, et j'ai cru nécessaire et salutaire, sinon de l'atteindre, au moins de la marquer.

La première et la seule fois que je me suis rencontré avec M. Cornélius Herz, c'était au moment des élections générales de 1885. Cette entrevue unique s'était un peu perdue dans l'ombre de mes souvenirs, et je n'y aurais attaché qu'une importance relative sans le jour tout nouveau dont sont venus l'éclairer les cruels événements de ces derniers jours.

Ceci se passait dans les derniers jours de 1885. Un député que je n'avais jamais vu, et dont, je dois le dire, aucune affinité politique ne me rapprochait, m'avait fait dire par des amis alors communs qu'il désirait me voir. Je résistais, étant données nos opinions si absolument différentes, lorsqu'une des personnes qui insistaient pour cette rencontre, me révéla et me dépeignit en lui un homme que je n'y pouvais guère soupçonner.

Quoi, vraiment, interrogeai-je à mon tour, ce radical effréné, ce pourfendeur de ministres, ce redoutable orateur serait des nôtres ? Oh ! mais alors je veux le connaître tout de suite. Je veux lui parler, je veux surtout l'entendre, et sur l'heure. Fixez-moi un rendez-vous : dites-moi bien vite où je puis le voir. La réponse fut : Chez Cornélius Herz.

M. le Président. — Permettez, monsieur Déroulède, je dois vous faire remarquer que vous sortez absolument de la question.

M. Paul Déroulède. — Monsieur le président, s'il est vrai que M. Cornélius Herz ait une influence funeste sur mon pays, il faut bien que je cherche qui lui a donné cette influence.

Mon témoignage, le voici : Le jour fixé pour ce rendez-vous, — ce fut, je crois, le jour même où il m'était proposé — j'arrivai un peu en avance chez M. Cornélius Herz, et j'eus avec lui une courte, mais importante conversation que je répétai textuellement le soir même à mes plus intimes camarades de la Ligue des patriotes, m'en étonnant, ne la comprenant qu'à moitié. L'autre moitié m'en est devenue claire à la suite des scandales et des révélations auxquels ont donné lieu les affaires de Panama.

M. Cornélius Herz, dans les quelques minutes d'attente que me faisait subir le député en question, me dit : Je suis content de vous voir, je crois que vous allez vous entendre avec lui ; je suis un démocrate ; j'aime la justice, — la justice sans jeu de mots, — je l'aime profondément — j'ai déjà donné 400,000 fr. à M. Clémenceau. Le jour où vous aurez besoin d'argent, venez me trouver.

Je lui répondis que je n'avais pas besoin d'argent, que quand j'en avais besoin j'en trouvais dans mes poches et que ma coutume était de faire mes campagnes à mes frais.

L'homme que je voulais entendre entra enfin. Je l'entendis. Je dois dire qu'il me remua profondément et que, tout en lui déclarant que je ne pouvais marcher dans la voie de sa politique intérieure, je fus vraiment séduit, ému même par le tableau qu'il me fit de sa politique étrangère, si semblable à la mienne que j'aurais pu m'y méprendre.

Qui de nous a pu l'entendre sans tressaillir parler de son inquiétude pour la France dépourvue de flotte, ou attaquer avec véhémence un ministre qui ne voulait pas commander de canons à tir rapide? Jamais virtuose ne fut plus consommé! Il a toutes les forces, toutes les souplesses, toutes les cordes; ce en quoi il ressemble beaucoup à M. Laguerre, son élève... (*Rumeurs à gauche et au centre. — Applaudissements à droite et sur quelques bancs à l'extrémité gauche de la salle.*)

Or, de tout ce qui m'a été dit à cette époque-là par M. Cornélius Herz et par son grand ami, je ne retiens plus, je ne garde plus que cette phrase : « J'ai donné 400,000 fr. à M. Clémenceau. » Si claire que fût l'affirmation, elle m'eût semblé pourtant insuffisante pour servir de base à aucun raisonnement, si l'autre jour, devant la commission d'enquête, M. Clémenceau n'avait lui-même pris la peine de lui fournir un point d'appui inébranlable par une déclaration qui, pour ne pas révéler la vérité tout entière, n'en demeure pas moins le point le plus important, à savoir que M. Cornélius Herz a donné des subsides à M. Clémenceau. Oui, a répondu ce dernier à M. de Ramel, j'ai fait des affaires avec M. Cornélius Herz, et il y a perdu de l'argent ; il a perdu 200,000 francs, et moi 50,000!

M. Clémenceau dit : « perdu 200,000 fr. », M. Herz dit : « donné 400,000 fr. »

Je ne chicanerai pas sur le chiffre, qui importe peu, mais j'examinerai cette question : Etait-ce une perte? était-ce un don?

Pour que ce fût une perte, il aurait fallu qu'ayant pris les actions de la *Justice* au pair, c'est-à-dire avec leur valeur nominale, M. Cornélius Herz les eût vues peu à peu péricliter entre ses mains, et qu'associé à une affaire de journal qui pouvait réussir, mais qui n'avait pas réussi, il eût en effet perdu l'argent qu'il avait ainsi imprudemment placé. Mais est-ce là le cas? M. Clémenceau n'a-t-il pas lui-même déclaré que M. Herz lui avait fait des avances considérables et que c'est pour le payer des dites avances, qui n'ont rien de commun, que je sache, avec un placement, que lui, Clémenceau, l'avait remboursé avec des actions de la *Justice*, lesquelles actions, au vu et au su de tous, n'ont qu'une valeur absolument infime? L'opération a donc été : un payement fictif pour couvrir une réelle donation. Maintenant, que la donation fût de 200,000 ou de 400,000 francs, le chiffre, même amoindri, n'enlève rien au fait en lui-même, et M. Herz n'a pas été l'actionnaire, mais le bienfaiteur du journal la *Justice*. (*Mouvements divers*.)

Si quelque doute s'élève dans l'esprit de quelques-uns de mes collègues sur la nature de l'opération, je les renvoie aux bureaux de l'enregistrement, où ils trouveront consigné ce transfert dérisoire, et à l'inspecteur chargé du service des sociétés par actions.

M. le Président. — Mais, monsieur Déroulède, allez dire cela à la commission d'enquête.

M. Paul Déroulède. — La Chambre et le pays ont le droit de tout savoir. J'ai, moi, le devoir de tout dire quand je vois que l'homme que je désigne et que je considère de plus en plus comme dangereux pour mon pays, traverse tranquillement toute cette crise dans laquelle il a sa part. C'est cette tranquillité que je veux troubler!

M. le Président. — Monsieur Déroulède, je vous prie de revenir au sujet de votre interpellation.

M. Paul Déroulède. — Toutes ces questions sont liées. Comment voulez-vous que je parle de l'une sans parler de l'autre?

M. Clémenceau. — Je demande qu'on permette à M. Déroulède de finir.

M. Paul Déroulède. — Je vous remercie; je n'ai en effet pas fini

Comment voulez-vous que je m'explique sur le cas de M. Cornélius Herz, grand officier de la Légion d'honneur, grand protecteur des finances compromis, si je ne cherche pas quel a été parmi nous son cicerone, quel a été l'homme qui menait encore récemment à ses côtés une campagne à Londres, campagne qu'il a niée; à laquelle il a donné ce matin même le démenti le plus formel. Mais ce propos que vous niez avoir été tenu, je l'ai entendu, moi, de mes oreilles.

M. Clémenceau. — Non!

M. Paul Déroulède. — Je l'ai entendu.

Nous règlerons autre part qu'à cette tribune les oui et les non. Voici ce qu'a dit devant moi Henri Rochefort à propos de votre Cornélius Herz. (*Exclamations et interruptions diverses.*)

A droite. — Parlez! parlez!

M. le Président. — Voulez-vous donc, messieurs, que je permette qu'on échange des provocations à la tribune!

M. Paul Déroulède — Je ne provoque pas; je demande. et je donne des explications.

M. le Président. — Je prie M. Déroulède de ne pas persévérer dans cette voie, et dussé-je ne pas être suivi par la Chambre, je remplirai mon devoir. (*Applaudissements.*

J'invite l'orateur à rentrer dans la question.

(*A l'extrémité gauche de la salle et à droite,* — Parlez! monsieur Déroulède!)

M. le Président. — Messieurs, je m'oppose à ce que l'orateur reste sur ce terrain.

Monsieur Déroulède, vous n'avez pas à porter d'accusation contre vos collègues.

M. Paul Déroulède. — Je parle de M. Cornélius Herz ; je recherche ses antécédents, ses appuis, ses guides ; je ne puis les séparer, puisqu'ils étaient ensemble il y a quelques jours encore. Il est impossible que les faits ne soient pas les faits, et mes assertions ne seront pas démenties.

D'ailleurs, messieurs, je n'étais pas seul quand j'ai entendu le propos si lestement contesté par M. Clémenceau. J'avais avec moi un de mes amis, qui se rappelle aussi bien que moi-même et qui est précisément ici, dans une des tribunes de la Chambre. (*Exclamations.*)

M. le Président. — Monsieur Déroulède, il m'est impossible de vous laisser continuer ainsi ; vous ne pouvez pas faire appel au témoignage d'une personne étrangère a la Chambre. Je vous prie de rentrer dans la question.

M. Ferroul. — Il ne reste plus qu'à faire la dissolution (*Bruit.*)

M. Paul Déroulède. — Vous comprenez à quel point un discours pareil, qui devrait avant tout être fait de logique, de raisonnement tranquille et clair... (*Interruptions.*)

Je n'y apporte, pour ma part, aucune animosité. Ce n'est pas une vengeance que je cherche contre un homme, c'est une précaution que je prends contre le mal qu'il pourrait faire encore en souvenir du mal qu'il a déjà fait. Je ne parle, je vous l'assure, que pour le bien du pays. En attendant la revision de la constitution, je fais la revision de certains députés. Je revise M. Clémenceau, voilà tout.

Je dis donc que cet homme a été un agent de désagrégation funeste pour notre pays, et je cherche grâce à quoi et grâce à qui. Je dis qu'il a été l'obligé de M. Cornélius Herz, et je me demande pourquoi M. Cornélius Herz l'obligeait. Car enfin, c'est M. Clémenceau lui-même qui nous l'a dit, ce haut et puissant commanditaire allemand du journal français la *Justice* n'a reçu de ce journal aucun service.

Rappelez-vous, en effet, cette réponse qu'il faut peser, car elle est capitale, et c'est précisément sur cette réponse que j'appuie la seconde partie de mon argumentation.

M. Clémenceau a dit : « Que l'on prenne le journal que je dirige, qu'on le compulse de la première à la dernière feuille ; à aucun moment, à aucune heure, on n'y trouvera le nom de M. Cornélius Herz ; à aucun moment, à aucune heure, on n'y trouvera recommandées par mes rédacteurs et par moi les affaires dont lui, Herz, s'occupait. »

Eh bien, alors, voilà qui est établi. Le journal de M. Clémenceau n'a rendu aucun service à M. Herz en échange de ces sommes considérables. On m'a interrompu tout à l'heure quand je commençais à rappeler la conversation de Londres, qui a pourtant sa place marquée dans ce débat. Voici quel fut le propos tenu par M. Herz à Henri Rochefort : « J'ai donné — non pas seulement 200,000 fr., comme l'a dit M. Clémenceau, ni 400.000 fr., comme le déclarait le même Cornélius Herz en 1885 ; — j'ai donné, disait M. Herz, j'ai donné, — entendez-le bien, messieurs, — 2 millions à M. Clémenceau. » (*Interruptions à gauche.*)

Je comprends vos exclamations. Le fait est que, pour ce que vaut le journal, c'est excessif ; mais enfin, c'est comme cela.

J'ajoute que, tout en causant, et selon l'habitude qui semble prise par MM. les corrupteurs d'offrir de la corruption à tout hasard, le Cornélius Herz, tout en causant, annonça qu'il avait juste dans sa poche un chèque de 200,000 fr., et que si Rochefort avait besoin d'argent il n'avait qu'à le dire. « Ecoutez, répondit Rochefort d'un air sérieux, vous venez de me déclarer que la *Justice*, qui tire à peine à 2,000, qui n'a ni lecteurs ni abonnés, vous coûte 2 millions ; l'*Intransigeant* tire à 200,000, c'est donc 200 millions qu'il faudrait me donner ! »

Il reste donc en tout cas acquis que, quel qu'en soit le chiffre, il a été versé des sommes d'argent énormes à la *Justice* et à son directeur politique. Pourquoi ces versements ? Pourquoi cette commandite ?

Puisque le directeur de la *Justice* a lui-même affirmé que son journal n'a jamais rien fait pour Cornélius Herz, pourquoi cet habile financier, cet homme d'affaires, plus avide que délicat, a-t-il placé tant d'argent soi-disant à fonds perdus ?

Ce dilemme me paraît accablant, puisqu'il est avéré, non seulement par l'attestation de M. Clémenceau, mais encore par l'examen même du journal, que le directeur de la *Justice* n'a jamais rien vendu publiquement à M. Cornélius Herz ; que lui vendait-il donc secrètement ? Et ce serait sans intérêt, sans but, sans profit que cet Allemand aurait accumulé tous ces versements répétés et redoublés ? A qui le ferez-vous croire, M. Clémenceau ? C'est, en vérité, à se demander si ce qu'il attendait, je ne dis pas ce qu'il exigeait de vous, ce n'était pas précisément tous ces renversements de ministères, toutes ces agressions contre tous les hommes au pouvoir, tout ce trouble apporté par vous et par votre grand talent dans toutes les affaires du pays et du Parlement.

Car c'est à détruire que vous avez consacré vos efforts. Que de choses, que de gens vous avez brisés ? Votre carrière est faite de ruines. Ici Gambetta, là un autre, et puis un autre, et toujours d'autres, toujours dévorés par vous.

Il y a, messieurs, une chose bien triste et bien navrante dans un beau et bon pays comme le nôtre : c'est l'internationale des ouvriers. Je la blâme, je la réprouve, je la déplore ; mais au moins ils ont pour excuse la misère, ces affamés qui tendent leurs maigres mains par dessus les frontières à de pâles affamés comme eux ; ils ont pour excuse la souffrance, l'ignorance aussi. Ils ne savent pas que, toute dure qu'elle leur est souvent, leur patrie est encore une des plus fraternelles, des plus justes et des meilleures qui soient sous le soleil.

Mais l'internationale des riches, la coalition des égoïsmes et des intérêts qui n'a pour but qu'un accroissement démesuré de luxe, de jouissances et de fortune, l'agiotage cosmopolite qui vit de la crédulité et de la ruine des misérables, la rapprochent, par-dessus ces mêmes frontières, de ces hommes aux mains pleines d'or mal gagné, qui font de la honte un trafic et de la corruption un placement, voilà ce qu'il faut flétrir ! Voilà le mal hideux contre lequel il ne saurait y avoir trop de châtiments, trop de lois, ou faute de lois, trop de mépris ! (*Applaudissements répétés sur divers bancs à droite et à l'extrémité gauche de la salle. — Mouvements divers.*)

M. le Président. — La parole est à M. Clémenceau.

M. Clémenceau — Messieurs, j'avais le droit de ne pas être préparé à ce réquisitoire, et vous me permettrez d'y répondre, autant que je pourrai le faire, avec simplicité et avec netteté.

De la façon la plus inattendue je suis mis en cause parce que M. Cornélius Herz a été l'actionnaire de la *Justice*, le journal que j'ai l'honneur de diriger.

On prend un à un tous les actes de ma vie politique, et M. Déroulède prétend démontrer que j'ai subi l'influence de l'étranger, que cette influence a eu pour résultat de diriger ma politique et de jeter la perturbation dans le pays.

Messieurs, jugez de la situation qui m'est faite. Comment faire la preuve que, lorsqu'il m'est arrivé de monter à la tribune, j'ai seulement été dirigé par les inspirations de ma conscience et par l'intérêt du pays ?

L'attaque est facile, mais comment pourrais-je établir, que, lorsque j'ai combattu telle ou telle mesure proposée, tel ou tel ministère, je n'ai pas été poussé par les motifs infâmes que M. Déroulède ose m'attribuer ?

Il a dit qu'il y avait un grand courage à m'attaquer de la sorte. Je n'en suis pas sûr, il est facile de produire de telles accusations, parce qu'elles laissent celui qui en est l'objet, désarmé, réduit à invoquer la protestation de sa conscience, ses intentions. Je ne puis pas apporter ici des papiers démontrant que je n'ai été dirigé dans ma politique que par l'intérêt de la patrie française. (*Très bien! très bien! à gauche.*)

Mais il y a peut-être autre chose. Il y a, depuis vingt ans que je siège dans les Assemblées politiques, ceux qui me voient tous les jours à l'œuvre, mes collaborateurs, mes amis qui siègent sur ces bancs et dont les témoignages, M. Déroulède me permettra de le lui dire, valent au moins le sien...

M. *Pichon.* — Ils sont prêts à vous donner le témoignage de leur estime et de leur grand respect pour vous ; ils vous l'apportent ici par ma bouche ; ils se solidarisent étroitement avec vous. (*Très bien!*)

M. *Clémenceau.* — Je vous remercie, mon cher ami, mais je n'ai besoin du témoignage de personne ; j'ai besoin de faire ici à M. Déroulède la réponse qu'il convient d'abord ; ensuite nous verrons.

J'ai dit, messieurs, que mes amis, ceux qui m'ont vu, que ceux qui ont vécu avec moi la vie politique de ces dernières années jour par jour, heure par heure, peuvent témoigner des inspirations qui m'ont toujours guidé.

En ce qui me concerne, je n'ai pas autre chose à dire. Je livre ma vie politique à M. Déroulède, je me livre à lui, il peut analyser, discuter, disséquer, incriminer tout ce que j'ai fait et dit, c'est son droit. Il n'y a qu'un droit qu'il n'avait pas, c'est de déverser sur moi, dans une inspiration de rancune boulangiste, les plus odieuses calomnies... (*Applaudissements à gauche.*)

M. *Paul Déroulède.* — Est-ce que j'ai de la rancune contre M. Floquet, lui qui a combattu aussi le général Boulanger ?

Voix au centre. — Et les millions reçus ?

M. *Paul Déroulède.* — L'argent que nous avons dépensé sortait des bourses françaises; le sien, de celle d'un juif allemand. Comparez !

M. *Clémenceau.* — ... C'est là me lancer la suprême injure qu'un Français puisse lancer à un Français. Cette injure, vous qui parlez, vous savez que je ne la mérite pas. Vous savez qu'elle constitue une odieuse calomnie, un abominable mensonge, et le sachant, vous vous en êtes rendu coupable. C'est bien : c'est affaire entre nous. (*Mouvements.*)

Mais j'ai autre chose à dire.

M. Cornélius Herz a été actionnaire de la *Justice* ? Assurément. D'abord il n'était pas citoyen allemand, comme on l'a prétendu ; il était si bien citoyen des États-Unis qu'il a été délégué officiel du gouvernement américain au congrès d'électricité de Paris. J'ai vu la lettre de service par laquelle M. Blaine, chef du gouvernement américain, l'accréditait auprès du gouvernement français.

Il y a plus, et vous n'aviez pas le droit de l'oublier : il a servi dans les rangs de l'armée de la Loire pendant la guerre franco-allemande. (*Bruit à l'extrémité gauche de la salle.*)

Il n'a pas servi comme soldat, mais comme médecin.

Il faut que j'ajoute encore un mot : vous dites que M. Clémenceau s'est laissé guider dans ses aspirations, quant à sa vie politique, par M. Cornélius Herz. Et que direz-vous du général Boulanger ? (*Très bien ! très bien ! à gauche.*)

M. *Lucien Millevoye.* — Je demande la parole.

M. *Clémenceau.* — Je vous déclare ici que M. le général Boulanger n'a pas eu d'ami plus chaud, plus dévoué que M. Cornélius Herz...

M. *Paul Déroulède.* — Que vous lui avez présenté.

Une voix à l'extrémité gauche de la salle. — Le général Boulanger est mort ! Il ne vous contredira pas.

M. *Clémenceau.* — On me dit : « Il est mort ». Mais M. Cornélius Herz pourrait le faire parler : car je crois qu'il a reçu une quantité innombrable de lettres du général

Boulanger, et si, un jour, il lui prenait fantaisie de les publier, je vous assure que cette intimité serait publiquement constatée.

Maintenant, il est vrai que, malgré les sollicitations très énergiques du général Boulanger, M. Cornélius Herz n'a pas voulu le suivre dans la campagne boulangiste. Il le paye aujourd'hui. Et en ce qui me concerne, je l'expie à mon tour. Cette expiation, je l'accepte.

Le général Boulanger a tenté dans ce pays l'aventure que nous connaissons tous; il a misérablement échoué, le malheureux, et s'il y a ici quelques personnes... (*Interruptions à l'extrémité gauche de la salle.*)

Un membre à droite. — C'est vous qui l'avez créé, Boulanger ! (*Bruit.*)

M. Clémenceau. — J'ai écouté M. Déroulède sans l'interrompre. Je ne m'imposerai pas longtemps à votre attention, messieurs, mais je vous prie de m'écouter encore quelques instants en silence. (*Parlez! Parlez!*)

S'il y a quelques personnes, dans les circonstances douloureuses que nous traversons, qui cherchent à jeter le désordre dans l'esprit public, dans l'opinion du pays et de la Chambre, au moyen de calomnies sans précédent, d'injures et d'outrages immondes contre ceux qui n'ont jamais aimé et servi que la République, je leur réponds qu'il ne suffit pas d'accuser, il faut faire la preuve.

Vous parlez de mon journal? Voici ce que j'ai à vous dire : Oui, mon journal a été commandité par M. Cornélius Herz, c'est la vérité, et par beaucoup d'autres, permettez-moi de vous le dire, par un très grand nombre de mes amis dont je pourrais apporter les noms si c'était nécessaire, et ces noms sont de ceux que vous seriez obligés vous-mêmes de saluer avec honneur. (*Très bien! très bien! à gauche.*)

Oui, ce journal a reçu l'argent de M. Cornélius Herz.

M. Lucien Millevoye. — En connaissiez-vous la provenance ?

M. le Président. — Vous accusez pendant une heure et vous ne laissez pas répondre ! Vous n'avez pas la parole.

M. Lucien Millevoye. — Je la demande.

M. le Président. — Eh bien, commencez, je vous prie, par garder le silence.

M. Clémenceau. — Je vous ai dit et je vous répète qu'à aucun moment je n'ai soutenu les affaires dans lesquelles M. Cornélius Herz pouvait être engagé. Je pourrais dire plus. Un jour, M. Cornélius Herz s'est présenté devant la commission du budget avec un projet de société téléphonique. Ce jour-là, le procès-verbal officiel, — M Granet, que je vois à son banc, peut en témoigner, — le procès-verbal de la commission du budget constate que j'ai voté contre le projet patronné par M. Cornélius Herz.

M. Camille Dreyfus. — C'est vrai !

M. Clémenceau. — Eh bien, si cela est vrai, qu'y a-t-il à me reprocher ?

Je passe en revue les différentes injures que M. Paul Déroulède a apportées à cette tribune.

M. Cornélius Herz a été mon actionnaire. Est-ce que je lui ai livré mon journal ? J'en appelle à mes collaborateurs qui sont ici. Est-ce qu'il y a jamais eu dans ce journal une autre inspiration que la leur, que la nôtre ? Ont-ils senti à aucun moment une autre influence que la leur, que la nôtre ? Je le leur demande, et, en ce moment, j'invoque leur témoignage. (*Très bien ! très bien ! sur divers bancs à gauche.*)

M. Camille Pelletan. — On le sait bien !

M. Clémenceau. — Et s'il n'est pas vrai qu'aucune affaire ait été recommandée par ce journal — et peut-être n'y a-t-il pas beaucoup de journaux qui pourraient en dire autant — si cela n'est pas vrai, si dans le Parlement j'ai voté contre les intérêts directs de M. Cornélius Herz, alors je vous dis : Qu'est-ce que vous demandez et qu'est-ce que vous me reprochez ?

Vous m'avez demandé pourquoi il donnait de l'argent. Voulez-vous me dire, monsieur Déroulède, pourquoi les actionnaires en donnent aux journaux ?

M. Paul Déroulède. — Ils sont bien bêtes ! (*On rit.*)

M. Clémenceau. — A vous d'apprécier votre réponse.

Vous avez insinué et puis vous avez dit que j'avais à un moment donné, recommandé M. Cornélius Herz pour la décoration dans l'ordre de la Légion d'honneur. Je regrette de vous le dire, ce n'est pas vrai.

M. Paul Déroulède. — Je n'ai pas insisté.

M. Clémenceau. — Vous n'avez pas insisté, mais vous avez insinué avec beaucoup d'art. (*Protestations à l'extrémité gauche de la salle.*)

M. le Président. — M. Déroulède ne veut absolument pas qu'on lui réponde ! (*Exclamations à droite.*)

Croyez-vous donc, messieurs, que je ne protégerai pas l'orateur qui est à la tribune ? Espérez-vous que je ne ferai pas mon devoir en toute circonstance ? Vous vous tromperiez.

M. Clémenceau. — Vous pouvez enregistrer ma déclaration.

Je ne l'ai pas recommandé pour la croix de grand officier ; je ne l'ai pas recommandé pour la croix de commandeur ; je ne l'ai pas recommandé pour la croix d'officier ; je ne l'ai pas recommandé pour la croix de chevalier. C'est bien clair, n'est-ce pas ?

Je n'ai pas à en dire davantage ; je n'ai pas à apprécier les influences qui l'ont fait avancer dans l'ordre de la Légion d'honneur. Je n'ai qu'une réponse à vous faire : J'y suis absolument étranger. Les dossiers sont là ; si vous n'en croyez pas les dossiers, interrogez les ministres ; ils vous répondront pour moi.

Que me reste-t-il à faire ? A quelles imputations calomnieuses me reste-t-il à répondre ? Je cherche et ne trouve rien, sinon cette injure suprême que, je l'avoue, je ne croyais pas avoir méritée, de mes plus acharnés ennemis : que j'ai trahi l'intérêt français, que j'ai trahi la patrie, que j'ai amené sur ces bancs... (*Interruptions*) — vous l'avez dit — que j'ai amené sur ces bancs une influence étrangère dont j'ai été l'agent ; que j'ai été traître à mon pays, traître à ma patrie ; que, guidé, commandé par cette influence étrangère, assujetti, asservi par elle, j'ai cherché à nuire à mon pays, j'ai cherché par des actes parlementaires à amener le désordre et la perturbation dans ma patrie.

Voilà l'accusation que vous avez portée à la tribune. J'ai répondu sur tous les autres points avec autant de calme et de sang-froid qu'il m'a été possible. A cette dernière accusation, il n'y a qu'une réponse à faire : Monsieur Déroulède, vous en avez menti ! (*Applaudissements répétés à l'extrême gauche.*)

M. Millevoye monte à la tribune. Il dit à M. Clémenceau :

Le général Boulanger nous a répété bien souvent : « Quand je me suis jeté dans la vie politique, et je me demande pourquoi je m'y suis jeté, c'est sous les auspices de M. Clémenceau.

« Quand j'ai été mis en rapport avec Cornélius Herz, j'ignorais qu'il était un agent de la triple alliance, payé par l'Angleterre et par l'Allemagne. »

Et c'est de cet homme que pendant quatre ans vous avez accepté des sommes dont le chiffre s'élève peut-être à plusieurs millions. (*Bruits et interruptions à gauche.*)

C'est Cornélius Herz qui l'a affirmé. Et vous qui aviez la qualité de chef de parti, qui aviez une action non seulement sur la politique intérieure, mais, ce qui est plus grave, sur la politique extérieure de votre pays, — ceux qui déplorent l'abandon de l'Egypte en savent quelque chose — vous ne vous êtes pas préoccupé de savoir ce qu'était cet homme, quelle était l'origine de l'argent qui coulait dans la caisse de la *Justice!* (*Applaudissements sur quelques bancs à l'extrême gauche.*)

De sa place, *M. Clémenceau* renouvelle son démenti.

M. Bourgeois, ministre de la justice, fait la déclaration suivante :

Une instruction est ouverte. Si de cette instruction il résulte des faits qui me paraissent de nature à faire déférer M. Cornélius Herz devant le conseil de l'Ordre de la Légion d'Honneur, il y sera déféré (1). (*Très bien! très bien! sur divers bancs.*)

M. *Mège* réclame des mesures immédiates. Il constate que M. Cornélius Herz a reconnu avoir touché *deux millions* pris dans la caisse de Panama. Il cite le décret de 1873 qui permet de sévir contre les dignitaires de la Légion d'Honneur pour des actes déshonorants, bien que non punis par les lois.

M. *Déroulède* retire son ordre du jour.

La séance est levée.

VIII

LES CHÈQUES-THIERRÉE

Un coulissier de la place de Paris, M. Thierrée, fit devant la commission d'enquête une déposition qui mit celle-ci sur une piste abondamment révélatrice.

En 1888, Jacques de Reinach remit à la maison Thierrée, pour l'encaisser le 17 juillet de la même année, un chèque de 3,310,475 francs sur la Banque de France. Cette maison rendit à Jacques de Reinach la contre-valeur de ces fonds en vingt-six chèques « au porteur », sur ladite Banque de France.

Ces vingt-six chèques, une fois payés par la Banque,

---

(1) Cornélius Herz fut, en effet, déféré devant le conseil de l'Ordre et un décret présidentiel du 27 janvier 1893 le raya des matricules de la Légion d'Honneur. Nous reproduisons ci-après ce décret *in extenso*, au chapitre XII. (Voyez aussi Cornélius Herz aux *Impliqués*.)

revinrent, comme d'usage, à la maison Thierrée qui les conserva parmi ses archives de caisse. M. Thierrée ajouta que, dans son idée, cette somme de 3,310,475 fr. devait provenir de la Compagnie de Panama, et cette supposition fut changée en affirmation par le liquidateur, M. Monchicourt, qui déposa le lendemain.

Une délégation de la commission d'enquête se transporta sur-le-champ à la maison Thierrée pour voir ces chèques acquittés, en même temps que deux autres commissaires se rendirent auprès du ministre de la Justice pour lui demander de faire procéder à leur saisie. Le ministre transmit la demande au procureur général qui ne vit pas là matière à saisie judiciaire et se borna à conseiller aux enquêteurs une saisie par voie administrative.

D'autre part encore, deux commissaires allèrent à la Banque de France examiner les registres d'inscription, mais n'y trouvèrent point les noms des encaisseurs respectifs de ces chèques. Vingt-trois d'entre eux portaient l'indication : *lui-même*, ce qui signifiait que M. Thierrée les avait tirés sur sa maison pour en verser ensuite le montant aux personnes à lui désignées par Jacques de Reinach. Les trois autres chèques portaient, pour deux, l'acquit de Rothschild, et, pour un, celui du Crédit Mobilier.

Il fallait la saisie. La commission y fit procéder administrativement et ces vingt-six chèques apportèrent à l'enquête le tableau documentaire que voici :

1. Cornélius Herz. . . . . 1.000.000 francs.
2. Le même . . . . 1.000.000   »
3. Chabert . . . . 195.000   »
4. Le même . . . . 140.475   »

5. Chevillard	100.000	francs.
6. Le même	100.000	»
7. Le même	100.000	»
8. Le même	100.000	»
9. Le même	150.000	»
10. Cloëtta	80.000	»
11. Fabre.	40.000	»
12. Jacques de Reinach.	40.000	»
13. Albert Grévy.	20.000	»
14. Léon Renault	20.000	»
15. Le même	5.000	»
16. Siméon (employé chez M. Jeannin).	25.000	»
17. Elouis.	25.000	»
18. Davoust.	20.000	»
19. Aigoin.	20.000	»
20. Castelbon	20.000	»
21. Burstert.	20.000	»
22. Praslon frères	20.000	»
23. Orsatti	20.000	»
24. Paul Schmitt.	20.000	»
25. Crédit Mobilier.	20.000	»
26. Auverge.	10.000	»

Comme on le supposa avec raison, ces signatures d'acquit n'étaient pour la plupart que des noms d'intermédiaires, masquant celui du vrai bénéficiaire.

La commission d'enquête s'occupa d'abord des signataires qui lui parurent avoir touché pour eux nominativement : MM. Léon Renault et Albert Grévy; ensuite elle appela devant elle tous les autres signataires et constitua ainsi un dossier complet qui devint comme le *deus ex machina* de ses recherches.

Voici ce qu'on pourrait appeler l'*odyssée des chèques*, depuis le jour où leur détenteur, M. Thierrée, en avait révélé l'existence devant la commission d'enquête :

Celle-ci en avait fait faire la saisie, mais elle négligea

de mettre la main sur les souches ou talons, ce qui était pourtant de la dernière importance, car lorsque la commission crut devoir prendre connnaissance de ces talons, elle apprit que M. Thierrée les avait détruits ! L'émotion fut grande, surtout quand un journal annonça que Jacques de Reinach avait eu soin de porter sur les souches des indications qui auraient permis de découvrir les véritables bénéficiaires.

Appelé de nouveau devant la commission, M. Thierrée déclara que puisqu'on ne lui avait pas réclamé les talons, il les avait brûlés. Sur le point de savoir s'il était vrai que Jacques de Reinach y eût fait des annotations de sa main, M. Thierrée répondit que c'était exact, mais que, pour lui, ces annotations étaient indéchiffrables. D'ailleurs, il se félicitait d'avoir jeté au feu ces souches, parce qu'il ne voulait pas s'exposer à être un délateur, ajoutait-il.

Or, M. Thierrée ne disait pas la vérité. Ces talons, il ne les avait pas détruits. Il les avait au contraire cachés en lieu sûr. Et ce ne fut que sur la menace d'être envoyé à Mazas qu'il se décida, enfin, à remettre ces documents au juge d'instruction — auquel un renseignement anonyme avait révélé l'existence réelle des talons accusateurs.

On a vu plus haut, par la déposition de M. Andrieux devant la commission d'enquête, quels noms le baron de Reinach avait inscrits comme étant les bénéficiaires de la plus grande partie de ces chèques.

12.

IX

LE PANAMA ET LA PRESSE

D'une déposition faite de mémoire par M. Rossignol, expert conjointement avec M. Flory (celui-ci avait refusé de venir devant la commission d'enquête), il résulta que, des nombreux journaux parisiens ayant émargé à la caisse de Panama, pendant le fonctionnement de la Compagnie de 1881 à 1888, on pouvait citer particulièrement :

Le *Petit Journal*, comme ayant touché 573,500 francs ; — Le *Télégraphe*, 120,000 ; — Le *Matin*, 122,500 ; — Le *Gaulois*, 15,000 ; — Le *Radical*, 100,000 ; — Le *Figaro*, 500,000 francs.

Puis des noms appartenant à la Presse parisienne :

MM. Jezierski (*Télégraphe*), 120,000 fr. ; — Arthur Meyer (*Gaulois*), 30,000 fr. ; — Valentin et Victor Simond (*Radical* et groupe), 100,000 fr. ; — Francis Magnard, Périvier et de Rodays (*Figaro*), 10,000 fr. chacun à chaque émission ; — Edm. Magnier (*Evénement*), 50,000 fr. ; — Patinot (*Débats*), 40,000 fr. ; — Raoul Canivet (*Paris*), 80,000 fr.

Quelques-uns de ces messieurs opposèrent ou des rectifications ou des démentis. M. Patinot, des *Débats*, déclara que lui, personnellement, ne pouvait être mis en cause, cette affaire de publicité ayant profité uniquement au journal. Même déclaration de la part de

M. Valentin Simond. Quant à M. Jezierski, il déclara avoir quitté le *Télégraphe* en février 1886 et il ajouta que pendant les années 1882, 1883 et 1884, ce journal n'avait touché en tout que 21,000 fr. pour frais de publicité.

M. Arthur Meyer, directeur du *Gaulois*, protesta d'une façon plus originale. Loin de contester les chiffres donnés par M. Rossignol, il les déclara au contraire inférieurs aux sommes reçues. Et il s'en montra tellement froissé qu'il intenta sur l'heure, contre M. Rossignol, une action civile en dommages-intérêts pour le préjudice à lui causé par cette divulgation de chiffres inexacts qui pouvaient, selon lui, déprécier la partie financière de son journal. — Mais quelques jours après, M. Arthur Meyer, ayant causé avec M. Rossignol, renonça à cette réparation judiciaire.

Le 1er janvier suivant, la *Libre Parole* publia une nouvelle liste de publicité qui présentait la nomenclature suivante :

L'Estafette, 21,000 fr.; — Le *Gaulois*, 189,000 fr.; — La *Justice*, 111,500 fr.; — Le *Voltaire*, 88,666 fr.; — *L'Univers*, 24,450 fr.; — *L'Univers illustré*, 8,234 fr.; — La *République française*, 106,100 fr.; — La *Petite République française*, 69,000 fr.; — La *Revue des Deux-Mondes*, 57,381 fr.; — Le *Rappel*, 98,750 fr.; — Le *Petit Parisien*, 98,000 fr.; — La *Paix*, 40,900 fr.; — Le *Soleil*, 42,000 fr.; — Le *Soir*, 107,700 fr.; — Le *XIXe Siècle*, 92,000 fr.; — Le *Siècle*, 84,000 fr.; — *L'Echo de Paris*, 40,000 fr.; — Le *Droit*, 36,000 fr.; — La *Défense*, 3,000 fr.; La *Marseillaise*, *Réveil* et groupe, 67,000 fr.; — La *Lanterne*, 206,000 fr.; — Le *Radical*, 77,800 fr.

Et MM. Ch. Laurent (*Jour*), 19,000 fr.; — Edwards (*Matin*), 6,000 fr.; — Veil-Picard (*Paris*), 31,000; — P. Véron

(*Charivari*), 2,000 fr. ; — H. Pessard (*National*), 7,500 fr. ; — (H. Simond (*Radical*), 75,000 fr. ; — V. Simon (*Echo de Paris*), 100,000 fr. ; — E. Millaud (*Figaro*), 12,350 fr. ; — Auguste Vitu (feu) *Figaro*, 5,050 fr. ; — Arthur Meyer (*Gaulois*), 32,300 fr. ; — Rodrigues (*Bourse pour tous*), 59,000 fr. ; — Portalis (*XIX⁰ Siècle*), 7,000 fr. ; — Cassigneul (*Petit Journal*), 7,000 fr. ; — Papuchon (*Parti Ouvrier*), 50,000 fr.

Dans cette liste de la *Libre Parole* figuraient des journaux qui, sous des titres différents, appartiennent à la même administration, tels que le *Radical*, l'*Echo de Paris*, la *Marseillaise*, le *Réveil-Matin* qui, avec leurs directeurs MM. H. et Valentin Simond, étaient portés pour une somme de 459,800 fr. (On vient de voir que M. Rossignol ne parlait que de 200.000 fr. pour le *Radical* et ces MM. Simond.)

En outre, cette liste donnait, toujours sous couleur de publicité, les émargements que voici :

MM. Jacques de Reinach : 3,015,000 fr. — Denfert-Rochereau : 10,625 fr. — Crespin : 92,300 fr. — Marteau : 12,000 fr. — Martin : 25,000 fr. — Ivan de Wœstyne : 2,630 fr. — Wilson : 3,000 fr. — Vitu et groupe : 11,850 fr. — Lichtenstein (publiciste étranger) : 3,000 fr.

L'*Univers* fit observer que le chiffre à lui attribué (24,450 fr.) dépassait notablement ce que cette publicité, restreinte aux documents et aux faits, et comprenant plusieurs années, lui avait rapporté. D'ailleurs, ajouta le grand et honnête journal catholique, il y a publicité et publicité : « Il faut distinguer entre celle qui donne des documents, des faits — et celle, beaucoup plus chèrement payée, qui met le journal au service d'une affaire quelconque et lui fait publier, comme articles de la rédaction, des prospectus. »

M. Charles Laurent, directeur du *Jour*, affirma qu'il n'avait touché que le montant, 3,000 fr. environ et non 19.000, de la publicité faite par le *Paris* (journal qu'il dirigeait à cette époque) pour l'œuvre du canal interocéanique.

M. Ivan de Wœstyne déclara qu'il avait touché un chèque de 3,000 fr. en paiement d'un travail fait pour la Compagnie de Panama, travail sur lequel il était prêt à fournir des indications précises.

Quelque semaines après, le 20 février, un autre journal parisien, la *Révolution*, publia une liste plus détaillée encore où, à côté des journaux et noms déjà cités, figuraient :

La *Cocarde*, 21,000 fr. ; — L'*Agence catholique*, 6,000 fr. ; — La *Croix*, 550 fr. ; — L'*Autorité*, 61,000 fr. ; — La *Patrie*, 75,700 fr. ; — Le *Gil Blas*, 199,400 fr. ; — L'*Intransigeant*, 167,281 fr. ; — Le *Temps*, 119 400 fr. ; — L'*Indépendance belge*, 33,800 fr. ; — L'*Ami du Clergé*, 215 fr. ; — L'*Evénement*, 141,000 fr. ; — Le *Constitutionnel*, 20,700 fr. ; — La *France*, 255,000 fr. ; — Le *Français*, 21,000 fr. ; — Le *Monde*, 24,300 fr. ; — L'*Electeur*, 30,000 fr. ; — L'*Etendard*, 8,000 fr. ; — La *Souveraineté*, 14,000 fr. ; — Le *Combat*, 7,500 fr. ; — Le *Père Gérard*, 4,300 fr. ; — Le *Galignani-Messenger*, 555 fr. ; — Le *Petit XIXe Siècle*, 19,500 fr. ; — Le *National* et le *Petit National*, 76,500 fr. ; — *Paris-Journal*, 81,000 fr. ; — Le *Clairon*, 7,500 fr. ; — *Paris-Montmartre*, 7,300 fr. ; — Le *Petit Caporal*, 16.000 fr ; — Le *Triboulet*, 6,700 fr. ; — Le *Cri du Peuple*, 32,000 fr ; — L'*Action*, 48,500 fr. ; — La *Correspondance européenne*, 10,000 fr. ; — La *France libre*, 10,500 fr. ; — Le *Moniteur des intérêts matériels*, 20,000 fr. ; Le *Moniteur Universel*, 123,000 fr. ; — Le *Mont-Aventin*, 1,000 fr. ; — Le *Génie civil*, 21,000 fr. ; — Le *Journal des Travaux publics*, 43,900 fr. ; — Le *Journal des Villes et des Campagnes*, 11,500 fr. ; — La *Nouvelle Lune*, 9,400 fr. ; — Les *Nouvelles de Paris*, 21,275 fr. ; — L'*Observateur Fran-*

çais, 11,200 fr.; — Le *Panthéon de l'Industrie*, 9,200 fr.; — La *Nouvelle Revue*, 59,000 fr.; — Le *Pays*, 27,950 fr.; — La *Presse*, 22,450 fr.; — La *Semaine religieuse* (de Paris), 5,700 fr.; — La *Semaine financière*, 25,250 fr.; — Le *Petit Quotidien*, 17,600 fr.; — Le *Parti National*, 9,200 fr.; — La *Liberté*, 74,800 fr.; — La *République radicale*, 41,700 fr.; — Le *Capitaliste*, 74,000 fr.; — Le *Libéral*, 11,200 fr.; — La *Revue économique et financière*, 43,500 fr.; — Les *Tablettes d'un spectateur*, 27,250 fr.; — Le *Patriote* et la *Revanche*, 17,900 fr.; — La *Silhouette*, 12,750 fr.; — La *Révision*, 5,200 fr.; — La *Cravache* (journal théâtral), 500 fr.; — La *Nation*, 50,500 fr.; — Le *Parisien*, 1,000 fr.; — Le *Rentier*, 45,990 fr.; — La *Presse catholique*, 12,400 fr.

MM. Henri des Houx (*Défense*), 700 fr.; — Emmanuel Arène (*Paris*), 1,000 fr.; — Bapst (*Débats*), 10,500 fr.; — Baragnon (*Courrier du Soir*), 4,000 fr.; — Ducret (*Cocarde*), 3,000 fr.; — Mermeix (*Cocarde*), 1,950 fr.; — Cornély (*Clairon*), 2,000 fr.; — Hément (*Temps*), 6,000 fr.; — Ernest Daudet, 11,000 fr.; — Labruyère, 1,200 fr.; — Détroyat, 6,000 fr.; — Heymann, 30,000 fr.; — Havas, 21,397 fr.; — Rambaud (*Presse mondaine*), 4,100 fr.; — Saint-Albin (*Figaro*), 500 fr.; — Francisque Sarcey, 3,000 fr.; — René de Pont-Jest, 250 fr.; — Vanlinden (*Crédit public*), 2,000 fr.; Lebey (*Agence Havas*), 5,000 fr.; — Robert (*Journal des Notaires*), 6,300 fr.; — A. Lévy (*Bulletin financier*), 1,000 fr.; Sacerdot (*Presse agricole et financière*), 4,100 fr.; — Bois-Glavy (*Gaulois*), 1,750; — Pliquet (*Télégraphe*), 24,000 fr.; — Pognon (*République française*), 4,000 fr.; — Pope (*Cote européenne*), 30 000 fr.; — Guérin (*Gil Blas*), 1,020 fr.; — Dellerey (*Petite République*) 250 fr.; — Guyon (*Patrie*), 10,000 fr.; — Féret (*Paris-Affiches*), 1,000 fr.; — Raymot (*Avenir des chemins de fer*), 1,300 francs ; — Ferrier (*Voie ferrée*), 5,000 fr.; — Duchemin (*Bulletin de la Société protestante*), 30,935 fr.; — Blavet (*Figaro*), 4,800 fr.; — Trouillet (*Tablettes coloniales*), 11,000 fr.; — Henry (*Assoc. des journalistes parisiens*), 16,710 fr.; — Cartillier (*Gil Blas*), 4,450 fr.; — Rousset (*Bull. des Trav. pub.*), 1.000 fr.; — Michel (*Annales des Ponts et Chaussées*), 1,670 fr.; — Gabriel (*Le Fer*), 6,000 fr.; — Debriges (*Siècle*), 5,600 fr.; — Doré (*Presse *sportive*), 1,000 fr. ; — Dureau (*J. des fab. de sucre*), 1,500 fr. ; — Grisier (*Patrie*), 1,500 fr. ; — Ed. Fontane (*Siècle*), 2,300 fr. ; — Schrameck (*Comic-Finances*), 9,950 fr. ; — Grégory (*Cote de Paris*), 2,000 fr.; — Wampse (*J. des ch. de commerce*), 2,500 fr. ; — Lefranc (*Richesse nationale*), 6,300 fr. ; — De Castellane (partie financière du *Figaro*), 89,500 fr. ; — Canonne (*Liberté*), 2,300 fr. ; — Aubertin (*La Fourmi*), 80 francs. — Grosclaude, 1,350 fr. ; — Gugenheim, 2,800 fr. ; — Calmette (M.), 3,800 fr.; — Blum, 10,950 fr. ; — Irénée Blanc, 3,000 fr. ; — Gaston Jollivet, 4,000 fr. ; — A. Chirac, 200 fr. ; — Ed. Chirac, 200 fr.; Henry Fouquier, 15,000 fr. ; — Alexandre Hepp, 1,000 fr. ; — Vitu (feu) et groupes 11,850 fr. ; — Delombre père (*Temps*), 3,000 fr. ; — Delombre fils, 1,000 fr.

La *Croix* déclara qu'elle était portée à tort sur cette liste et qu'en dehors des simples annonces, elle n'avait rien reçu de la Compagnie. MM. Fontane (*Siècle*) et Guyon (*Patrie*) protestèrent de leur côté.

Ont été également publiés, par la *Révolution*, quelques journaux de la Presse départementale :

Le *Journal de Seine-et-Oise*, 1,100 fr. ; — Journaux du Gers, 3,850 fr. ; — L'*Express* de Lyon, 3,500 fr. ; — Le *Journal du Havre*, 2,800 fr. ; — Le *Lyon Républicain*, 4,650 fr. ; — Le *Petit Lyonnais*, 7,950 ; — Le *Petit Provençal*, 6,400 fr. ; — Le *Petit Nord*, 7,200 fr. ; — Le *Petit Rouennais*, 4,800 fr.

Et des noms :

MM. Patoux (Journaux de Seine-et-Marne), 32,200 fr. ; — Wilson (Correspondance des journaux-Wilson) 3,000 fr. ; — Fontaine (*Petit Provençal*), 5,000 fr. ; — Fançon (*J. général de l'Algérie et de la Tunisie*), 400 fr. ; — Follin (*Pays de Caux*), 500 fr. ; — Chapon (*Gironde*), 60,000 fr. ; — Philippe (*Petit Dijonnais*), 1,000 fr. ; — Bosc (*Curiosité de Nice*), 1,150 fr. ; — Gros (*Petit Comtois*), 1,550 fr. ; — Frédéricx

(*Ind. belge*), 1,000 fr. ; — Caron (*Bull. des Agricult. du Doubs*), 770 francs.

D'ailleurs, et tout en laissant la responsabilité de ces listes aux deux journaux parisiens qui les ont publiées, nous ne les avons reproduites que pour donner une idée de la variété de répartition qui a caractérisé ce fonds de publicité distribué à la Presse lors des émissions de la Compagnie.

X

M. DE FREYCINET

Dans son numéro du 19 novembre, la *Libre Parole* disait que M. de Freycinet avait reçu de la Compagnie de Panama 200,000 fr. pour le *Télégraphe*, journal qui, ajoutait-on, appartenait à ce ministre.

M. de Freycinet se borna à faire démentir cette allégation par l'*Agence Havas*.

Mais quelques jours après, le 12 décembre, M. de Freycinet eut à se justifier d'un autre fait qu'on lui imputait. Le *Figaro* assura que des rapports intimes avaient toujours existé entre M. de Freycinet et l'énigmatique Cornélius Herz. Ainsi, en 1890, ce brasseur d'affaires allemand se trouvait en villégiature à Aix-les-Bains où le ministre français passait également la saison, et il était reconnu notoirement que les deux hommes avaient entre eux des rendez-vous fréquents. M. de Freycinet nia également par l'intermédiaire *Havas*.

On sait que ce Cornélius Herz a été successivement,

et presqu'en moins de temps qu'il ne faut pour l'écrire, fait chevalier, officier, commandeur et, enfin, grand officier de la Légion d'honneur de France. Cette dernière élévation dans l'ordre lui ayant été octroyée en 1886, alors que M. de Freycinet était président du Conseil, on reprocha à celui-ci d'avoir agi sous la pression d'hommes politiques. A la séance de la Chambre du 15 décembre, M. de Freycinet répondit que M. Cornélius Herz avait été décoré sur la recommandation de savants et à la suite d'expériences sur la force par l'électricité. Cette déclaration visait M. Bertrand, secrétaire perpétuel de l'Académie des sciences, qui expliqua les choses comme suit :

Cornélius Herz, ayant demandé à Turin une concession d'éclairage à l'électricité, l'ambassadeur de Menabrea s'informa sur lui auprès de M. Bertrand et celui-ci, qui prenait le sieur Herz pour quelqu'un de sérieux, répondit par une lettre élogieuse. Plus tard, il découvrit que M. de Menabrea, dont Cornélius avait casé le fils dans ses bureaux à Paris, ne lui avait écrit que pour pouvoir recommander le patron de son fils auprès de M. de Freycinet. M. Bertrand ajouta que M. de Menabrea devait assumer la responsabilité de cette « manœuvre », de même M. de Freycinet qui, bien que la connaissant, n'en avait pas avisé M. Bertrand.

Quoi qu'il en soit, M. de Freycinet ne put empêcher de voir son nom retentir dans des polémiques de presse à côté de celui du tripoteur Herz, et l'effet devint de plus en plus fâcheux. Si bien que, le 10 janvier 1893, M. de Freycinet sentant le terrain se dérober sous lui, se laissa « débarquer » par M. Ribot et ne fit plus partie du gouvernement.

Il avait été douze fois ministre.

D'autre part, ou a vu, au chapitre XXX de l'*Historique* qui précède, le rôle qu'a joué M. de Freycinet lors du chantage exercé par Cornélius Herz sur le baron de Reinach et jusqu'à quel point il s'est employé auprès de M. Ch. de Lesseps pour faire donner par celui-ci quelques millions audit de Reinach, dans l'intérêt de Cornélius Herz.

XI

M. CHARLES FLOQUET

Dans son numéro du 18 novembre 1892, le journal *La Cocarde* publia un article au sujet de M. Charles Floquet, président de la Chambre des députés.

En décembre 1888, à l'époque où le général Boulanger posait sa candidature à Paris pour les élections législatives, M. Floquet, alors président du Conseil des ministres et ayant, disait la *Cocarde*, besoin d'argent pour la lutte que le gouvernement avait à soutenir contre le boulangisme, s'adressa à la Compagnie de Panama pour obtenir des fonds. Si celle-ci refusait, le gouvernement ne protégerait plus ses émissions de valeurs à lots. M. Charles de Lesseps s'inclina et remit 300,000 fr. à M. Floquet qui distribua cette somme de la façon suivante : 100,000 fr. au comité de la candidature-Jacques opposée à celle de Boulanger; 100,000 fr. à un journal du matin et 100,000 fr. à un journal du soir.

De son côté, la *Libre Parole*, journal de M. Edouard Drumont, précisa davantage : 100,000 fr. avaient été remis à M. Henry Maret, député du Cher et rédacteur en chef du *Radical* et 100,000 fr. à MM. Ranc, sénateur, rédacteur en chef du journal *Paris* dont M. Raoul Canivet est le directeur.

La Chambre des députés s'émut en apprenant cette révélation sur M. Floquet, son président actuel. Mais celui-ci, dans la séance du 19 novembre, démentit l'allégation en ces termes :

> J'affirme que, dans les circonstances dont on a parlé, non seulement je n'ai exercé aucune pression sur qui que ce soit, non seulement je n'ai rien exigé, mais je n'ai rien demandé, je n'ai rien reçu et je n'ai rien distribué. Le gouvernement que j'ai eu l'honneur de présider, a été loyal et probe. L'administration qui m'a été particulière, du ministère de l'Intérieur et de la Sûreté générale, a la conscience nette et les mains propres. Je n'aurais jamais eu l'audace d'accepter et de garder l'honneur de présider cette assemblée si sur mon passé ministériel pouvait planer le souvenir, je ne dis pas d'un acte coupable, mais seulement d'un acte équivoque.

Cependant, le directeur de la *Cocarde*, interviewé par un rédacteur du *Figaro*, répondait que dans son article révélateur, il avait à dessein changé la date *vraie* de l'opération financière en question, et donné une indication volontairement erronée des circonstances où elle s'était accomplie. C'est pourquoi M. Floquet, tombant dans ce piège et affirmant que, *dans les circonstances dont on a parlé*, il n'avait rien fait de ce qu'on lui reprochait, n'avait pas nié d'une façon absolue.

De son côté, le journal *le Jour* invitait M. Floquet à poursuivre ses diffamateurs devant la Cour d'assises : « Il doit cela à ses amis, à lui-même, car il ne convaincra définitivement le public qu'en soumettant son cas au jury qui pourra sanctionner ainsi ses déclarations énergiques faites hier à la Chambre. »

Six jours après, la *Cocarde* constata que M. Floquet semblait ne plus se souvenir des accusations portées contre lui.

Le 3 décembre, la *Libre Parole* revint à la charge. « Le marquis de Morès, écrit M. Drumont, m'a dit à maintes reprises, et à plusieurs personnes après moi, qu'il avait eu sous les yeux une lettre de M. Jacques de Reinach constatant que 300,000 francs avaient été versés à M. Floquet. M. de Morès ajoutait qu'il avait vu également une lettre de M. Floquet audit Jacques de Reinach constatant la remise de cet argent. »

M. Floquet comparut le 22 décembre devant la commission d'enquête et s'expliqua en ces termes :

> Mes chers collègues, lorsque s'est produite devant vous la déposition de M. Laguerre, j'ai prié l'un de vos présidents, M. Clausel de Coussergues, qui dirigeait en ce moment vos travaux, de faire savoir à la commission que je me tenais à son entière disposition pour venir confirmer devant elle les déclarations faites par moi à la Chambre.
>
> Je répète donc que dans aucune des hypothèses successivement présentées, ni à l'occasion de l'élection du 27 janvier à Paris, ni à l'occasion de la première ou de la deuxième élection du Nord, ni à l'occasion d'aucune autre élection, je n'ai exercé directement, ni autorisé personne à exercer, ni su que personne ait exercé aucune pression sur les représentants de la Compagnie de Panama afin d'obtenir ou de faire distribuer une somme quelconque pour les besoins politiques du gouvernement.

Je n'ai rien demandé, je n'ai rien reçu, ni les 300,000 fr. indiqués en premier lieu, ni les 100,000 fr. qu'on aurait déposés au coin de mon bureau, ni les 500,000 fr. dont on a parlé depuis, ni aucune somme quelconque.

Ai-je besoin d'ajouter à ce que j'ai dit depuis longtemps dans des conversations qui ont pu d'ailleurs être exagérées, mal comprises ou mal traduites : j'aurais poussé la candeur un peu loin si j'avais pu me figurer que, dans la répartition du fonds spécial destiné à la publicité des journaux et régulièrement touché par eux, les influences politiques ne s'exerceraient pas, et si, m'enfermant dans une indifférence qui eût été une véritable abdication, je n'avais pas, au moyen des informations que j'ai recherchées et des communications qui m'ont été spontanément faites, observé et suivi d'aussi près que possible cette répartition, non pas au point de vue commercial, qui ne me regardait pas, mais au point de vue politique, qui intéressait l'Etat.

A cette action qui était de l'essence même de la fonction du ministre chargé de la sûreté générale, ne s'est mêlée aucune exigence, ni aucun maniement d'argent.

Je répète que jamais la Compagnie de Panama n'a ajouté aucun complément aux fonds secrets du gouvernement.

Et puisque je prononce ce mot, permettez-moi de m'étonner que l'on n'ait pas reproché sur l'heure au ministre de l'intérieur, qui combattait alors, un fait dont l'un des chefs du parti boulangiste aurait, dès l'été 1888, reçu connaissance.

C'était, cependant, une des accusations à la mode de l'époque que la ruine des fonds secrets.

On répétait chaque jour, avec force détails, que les fonds secrets avaient été épuisés dès la première heure ; que j'avais dévoré les fonds du pari mutuel, pourtant remis intacts à mon successeur; que j'avais détourné des crédits une gratification aux employés, crédits qui n'existaient pas ; que j'avais réquisitionné à la Banque ; on a dit tout cela et bien d'autres choses plus fortes encore, particulièrement dans le journal *la Presse*, de M. Laguerre ; et, cependant, on n'a jamais fait une allusion aux ressources prétendûment tirées du Panama.

La vérité, c'est que les fonds secrets ont toujours été en règle. Il serait facile à la commission de s'en assurer en prenant connaissance non pas de la distribution de ces fonds, dont il ne reste pas trace, mais du mouvement de caisse ; il démontrerait que la dépense mensuelle a été à peu près et jusqu'au bout régulièrement égale au douzième du crédit total, dont je pouvais cependant disposer à discrétion.

C'est pourquoi, mes chers collègues, devant vous, comme devant la Chambre et le pays, j'ai le droit de dire que l'administration du ministère de l'intérieur et de la sûreté générale en 1888, a été probe et loyale.

Cette explication un peu obscure fut interprétée comme signalant une surveillance exercée par le chef du gouvernement, ministre de l'intérieur, sur la distribution des fonds employés par la Compagnie de Panama à la publicité par la voie de la presse, — ce qui, dans la pensée de beaucoup, aboutissait à un détournement de fonds.

La question, d'ailleurs, vint le lendemain à la Chambre sous forme d'interpellation faite par M. Millevoye, qui demanda au gouvernement s'il acceptait cette théorie émise par M. Floquet devant la commission d'enquête. Afin de pouvoir prendre part à la discussion, M. Floquet céda le fauteuil à M. Peytral, vice-président. La séance fut très intéressante et il peut être utile d'en conserver le débat. Le voici donc avec les développements qu'il comporte :

SÉANCE DU 23 DÉCEMBRE 1892

Présidence de M. PEYTRAL, *vice-président.*

M. Millevoye a la parole. En quelques mots précis il rappelle ce qu'a dit M. Floquet du droit pour le gouvernement d'intervenir, au point de vue politique, dans la répartition des fonds d'une société commerciale. M. le président du conseil actuel accepte-t-il cette théorie ? Le pays ne crie pas encore : Dissolution ! mais il crie : Restitution ! Il ne faut pas qu'on puisse appliquer au gouvernement de la République la fameuse définition : « Les affaires, c'est l'argent des autres. »

M. Floquet, pour sa défense, donne des explications dont voici la partie principale :

M. Charles Floquet. — Je ne peux pas admettre que, lorsqu'une Compagnie puissante a déterminé un chiffre pour les subventions à donner à toute la presse de Paris, des départements, du pays tout entier, le gouvernement ne s'inquiète pas de savoir où va tout cet argent... (*Applaudissements à gauche. — Interruptions à droite.*)

M. le comte de Bernis. — C'est monstrueux.

M. Charles Floquet. — C'est là ce que j'ai fait, c'est là ce que je ferais demain si j'étais de nouveau au pouvoir. (*Très bien ! très bien ! sur les mêmes bancs à gauche*), et je le ferais avec la même restriction, ou plutôt avec l'explication qui complétait la citation qu'a apportée M. Millevoye, qu'à cette action légitime du gouvernement chargé de la sûreté générale, ne s'est mêlé, aucune exigence, ni aucun maniement d'argent, que je n'ai rien reçu, comme je le disais devant la Chambre. (*Très bien ! très bien ! à gauche et au centre.*)

M. le comte de Bernis. — Vous avez fait toucher.

M. le président. — Monsieur de Bernis, je vais être obligé de vous rappeler à l'ordre.

M. Charles Floquet. — Voilà, messieurs, les explications très nettes que je me permets de donner à la Chambre en toute franchise.

Je n'attends de mes adversaires aucune indulgence. (*Interruptions*)

M. le comte de Bernis. — Vous n'avez droit qu'à la justice.

M. Charles Floquet. — Les uns et les autres, je les ai toujours combattus à visage découvert, par tous les moyens loyaux et légitimes.

Mais je tiens à le dire encore, je ne peux pas admettre que l'obligation de surveiller l'emploi de plusieurs millions semés sur tout le territoire, et même en dehors, puisse être reprochée à un gouvernement dans aucune circonstance, et à plus forte raison dans les circonstances que j'ai rappelées.

M. le comte de Bernis proteste. — Que s'est-il passé ? Il s'est passé à un moment donné ce phénomène singulier que sur les 375 fr., ou un peu plus, versés par chaque actionnaire, une portion a été dépensée pour soutenir le boulangisme peut-être, on l'a prétendu à cette tribune — une autre portion a été dépensée certainement pour l'attaquer... (*Applaudissements et rires à droite.*)

M. Le Cour. — Avec la complicité du gouvernement.

M. de Lamarzelle. — Sous sa surveillance.

M. le comte de Bernis. — ...Une troisième portion, — et ici j'entre absolument dans l'idée d'un de ceux qui m'interrompaient tout à l'heure, — une troisième portion est passée plus que probablement aux administrateurs, entrepreneurs ou autres du Panama ; si bien qu'au total, sur ces 375 fr., il y a à peine 25 fr. qui soient allés à l'œuvre à laquelle ils étaient destinés ! (*Interruptions à gauche.*)

Lorsqu'une escroquerie aussi colossale a lieu dans un pays civilisé, quel est le devoir du gouvernement?

Le devoir du gouvernement n'est pas, entendez-le bien, comme le disait M. Floquet, qui connaissait les choses puisqu'il les signalait à la tribune, n'est pas de venir à la curée et d'en prendre sa part. (*Applaudissements à droite. — Bruit à gauche.*) Son devoir, au contraire, est d'empêcher ce vol manifeste, cette escroquerie colossale. Or, au lieu de l'empêcher, il en a profité et il l'avoue. (*Nouveaux applaudissements à droite. — Vives réclamations à gauche.*)

Et que résultera-t-il de ce débat devant l'opinion publique?

C'est que, sans vouloir entrer, à l'heure qu'il est, dans le détail des choses, le public dira : « Il y avait une escroquerie colossale, que le pays connaissait, que le gouvernement connaissait avant le pays, et, au lieu de s'y opposer, au lieu de nous empêcher d'être volés, le gouvernement est venu lui-même à la curée ! » (*Protestations à gauche. — Applaudissements à droite.*)

Je n'admets pas, pour mon compte, qu'on vienne s'introduire dans une affaire privée pour essayer de détourner du côté gouvernemental le flot d'argent qu'on craindrait peut-être de voir couler d'un autre côté. En agissant ainsi, on en arrive, il est vrai, à détourner quelque argent du côté du gouvernement que l'on dirige, mais on y déverse en même temps le flot de boue qui, à l'heure qu'il est, vous submerge. (*Vives rumeurs à gauche et au centre. — Applaudissements à droite et sur quelques bancs à l'extrémité gauche de la salle.*)

M. *Rouvier* intervient dans le débat :

Pendant mon gouvernement, qui dura sept mois, ayant besoin d'une somme importante et ne voulant pas découvrir les fonds secrets, je me suis adressé à des amis personnels qui m'ont avancé une somme considérable qui leur a été rendue. Une première somme de 100,000 francs m'a été avancée par M. Vlasto. Je la lui ai remboursée plus tard sur les fonds secrets. Était-ce illégal ? Non, certes !

Le même ami avait avancé au gouvernement une autre somme de 50,000 francs, qui lui a été remboursée par M. de Reinach, sans que le gouvernement sût que cet argent venait du Panama.

L'orateur n'a rien à se reprocher ; ces actes, il les a accomplis dans des temps troublés, alors qu'il recevait tous les jours des menaces de mort. (*Applaudissements à gauche. — Bruit à droite.*) S'il n'avait pas agi comme il l'a fait, les républicains aujourd'hui couvriraient les routes de l'exil. (*Applaudissements au centre ; mouvements divers.*)

13.

M. Le Provost de Launay proteste :

C'est une singulière théorie que de venir nous dire : « Je n'avais pas assez d'argent, j'en ai emprunté. » Vous aviez le Parlement, c'était à lui qu'il fallait vous adresser, et vous saviez bien que, pour défendre l'ordre public, vous auriez trouvé le concours, non seulement de vos amis, mais des nôtres. (*Exclamations à gauche.*)

Vous paraissez, messieurs, oublier ou méconnaître singulièrement l'histoire.

Si M. Rouvier est resté sept mois président du Conseil, comme il le rappelait tout à l'heure, c'est grâce à notre appui ; et s'il est tombé ensuite, ce n'est pas parce que nous regardions sa politique comme mauvaise, c'est parce que nous avons trouvé M. Wilson entre nous et lui, et que nous ne pouvions plus le soutenir. (*Très bien ! très bien ! à droite.*)

Non, un ministre n'a pas le droit d'emprunter de l'argent à des financiers pour les besoins de l'Etat : c'est au Parlement qu'il doit s'adresser ! (*Bruit.*)

J'arrive à la seconde théorie, à celle de M. le président Floquet. M. Floquet nous a dit :

« Mon devoir était de tout savoir, de tout connaître ; je n'ai voulu participer à rien ; je n'ai pas voulu intervenir ; j'ai seulement laissé faire. »

C'est une théorie gouvernementale que je n'accepte pas.

M. Lavy. — Il fallait bien lutter d'argent avec vous.

M. Le Provost de Launay. — Est-ce à un homme ou à un parti que l'interruption s'adresse ?

M. Lavy. — Nous étions bien obligés d'entamer une lutte d'argent avec vous, parce que vous étiez des conspirateurs dont il fallait faire justice. (*Très bien ! très bien ! au centre et à gauche.* — *Bruit à droite.*)

M. Le Provost de Launay. — L'interruption de M. Lavy, s'adressant non à un homme, mais à un parti, n'a plus aucune portée. C'est un de ces lieux communs qui traînent partout et qui, en tout cas, ne sont appuyés par aucun commencement de preuve, pas même par un talon de chèque... (*Rires à droite.*)

Revenons à la théorie de M. le président Floquet. Je disais qu'elle n'était pas acceptable. Un gouvernement parlementaire n'a pas, en effet, le droit de se désintéresser de questions pareilles.

Il a charge de peuple, et quand il s'aperçoit qu'une grande affaire comme le Panama...

A ce moment, un interrupteur s'écrie : *Ou l'Union Générale!* ce qui provoque l'incident ci-après :

M. de Lamarzelle. — L'*Union Générale* a remboursé.
M. le comte de Lanjuinais. — Les créanciers ont reçu 95 0/0.
M. Le Provost de Launay. — Vous êtes mal venus à parler de l'*Union Générale*, car, pour cette Société, votre magistrature n'a pas attendu trois ans pour poursuivre ; elle n'a pas attendu la prescription. Elle a étranglé, dès le premier jour, l'*Union générale*. C'est le contraste le plus accusateur, il retombe sur votre parti et votre gouvernement. (*Applaudissements à droite.*)

Comment! c'est la même magistrature qui se conduisit, comme vous le rappelez, pour l'*Union générale*, et qui s'est conduite, comme nous le rappelons, pour le Panama! (*Très bien ! très bien! à droite.*)

Il y a des interruptions malheureuses : celle-là en est une ; je la relève et la retiens.

Je disais que le gouvernement n'a le droit ni de surveiller en silence de tels actes ni même de jouer ce rôle de Ponce-Pilate, de se laver les mains en laissant ses amis profiter de ce qui allait devenir un désastre pour le pays.

Non! il avait le devoir, lorsqu'il voyait ces choses se tramer, d'éclairer le pays et la Chambre, de mettre l'un et l'autre au courant des procédés employés pour les tromper.

Il devait venir, je le répète, vous avertir et vous dire : Voilà ce qui se passe ; j'interviens et je signale les faits : c'est mon devoir et je prends la défense des intérêts du pays. Je ne m'explique pas que cela n'ait pas été fait, et je m'explique encore moins les essais de justification apportés ici. (*Applaudissements à droite.*)

M. Millevoye remonte à la tribune :

Je pose à M. le président du conseil une question très simple : Entend-il se solidariser, oui ou non, avec les doctrines et les théories qui ont été apportées ici? Sont-elles les doctrines républicaines et gouvernementales telles qu'il les entend?

Et pour donner une sanction à mes paroles, je dépose l'ordre du jour suivant :

« La Chambre, convaincue que le gouvernement désapprouve les théories gouvernementales apportées à la tribune par deux anciens présidents du conseil, passe à l'ordre du jour. » (*Très bien! très bien! à droite et sur quelques bancs à l'extrémité gauche de la salle.*)

M. Ribot, président du conseil des ministres, n'approuve ni ne désavoue les théories de MM. Floquet et Rouvier. Il saisit l'occasion pour viser M. Andrieux, l'ancien préfet de police qui, d'ailleurs, ne fait plus partie de la Chambre :

Permettez-moi de vous le dire, nous assistons, messieurs, à un bien singulier spectacle. (*Oh! oui! à droite.*)

Comment! on veut nous donner, on nous donne des leçons de vertu et d'intégrité! On entend un ancien fonctionnaire de la République qui se constitue le champion de l'incorruptibilité et qui, sans doute, trouve le texte de ses leçons dans les livres où il a fait avec tant de talent la théorie et raconté l'édifiante histoire de l'emploi des fonds secrets. (*Applaudissements à gauche. — Interruptions à droite.*)

Je sais ce que valent ces rigorismes d'occasion; je sais ce que valent ces vertus tardives (*Applaudissements à gauche et au centre*), elles ne dissimulent même pas le but qu'elles poursuivent : elles avouent elles-mêmes qu'elles poursuivent un but politique. (*Interruptions.*)

Eh bien, ce but ne saurait être le nôtre ; il n'y a rien de commun entre l'œuvre que nous revendiquons, cette œuvre haute, noble, toute de justice, et l'œuvre que l'on poursuit à côté de nous. (*Interruptions à droite et à l'extrémité gauche de la salle.* — *Très bien ! très bien ! à gauche.*)

M. *Paulin-Méry.* — Répondez donc à la question que vous a posée M. Millevoye dans son ordre du jour.

M. *le comte de Bernis.* — Vous montez tous les jours au Capitole !

M. *le prince de Léon.* — Rappelez-vous vos six voix de majorité, y compris celles des ministres.

M. *Le Provost de Launay.* — Vous vous décernez, tous les matins, une couronne civique.

M. *le président du conseil.* — Je n'ai pas besoin des vôtres, en tout cas, monsieur Le Provost de Launay. (*Très bien! très bien !*)

Je n'ai plus qu'un mot à dire : nous ne nous laisserons ni troubler ni intimider.

Nous continuerons avec fermeté l'œuvre que nous avons entreprise et dont le pays sera le dernier juge. Mais, en même temps, nous surveillerons une campagne sur le caractère de laquelle nous ne saurions nous tromper sans trahir la République. (*Très bien! très bien!*)

M. *Paul Déroulède.* — Vive la République! A bas le régime parlementaire (*Bruit.*)

M. *le président.* — Monsieur Déroulède, je vous rappelle à l'ordre avec inscription au procès-verbal.

M. *le président du conseil.* — Et s'il plaît à M. de Bernis de dire qu'il n'y a plus de ministres ni de gouvernement, je l'engage à ne pas s'y fier; car, si l'heure doit venir, le gouvernement fera son devoir envers la Chambre, envers la République et envers le pays. (*Applaudissements répétés à gauche et au centre.*)

M. *Paul Déroulède* intervient dans le débat :

Le président du conseil, dit-il, m'a accusé de vouloir troubler la République. Il semblerait, à l'entendre, qu'il n'y eût qu'une forme de République et que tous ceux qui n'aiment pas le parlementarisme ne sont pas républicains. C'est une erreur.

La constitution actuelle a fait le lit du roi pour y coucher le peuple, et voilà pourquoi le peuple est si mal couché. Je suis antiparlementaire, mais républicain.

L'orateur souhaite que la crise que nous traversons nous débarrasse des causes qui l'ont amenée. Il veut la séparation des pouvoirs, les ministres choisis en dehors du Parlement, la diminution du nombre des députés. Il voudrait voir doubler le salaire des représentants du peuple et doubler en même temps leur travail. Aujourd'hui les députés sont des candidats perpétuels : candidats ministres, candidats président du conseil, candidats président de la République.

Le Parlement devrait simplement contrôler le pouvoir exécutif. Le président de la République devrait être nommé par le suffrage universel. Voilà comment l'orateur comprend la République.

Quant aux théories financières apportées à la tribune par M. Rouvier et par M. Floquet, l'orateur ne saurait les admettre. Il demande au gouvernement de bien déclarer que jamais il n'imitera de pareils procédés. (*Applaudissements sur divers bancs à droite et à gauche.*)

M. *Ribot*, président du conseil. — On demande au gouvernement d'apporter à cette tribune des théories ; ce n'est pas son rôle ; son rôle, c'est d'agir, et celui du Parlement, c'est de juger le gouvernement sur ses actes.

La Chambre a applaudi le langage du président du conseil, le gouvernement lui demande de faire plus et de le soutenir par l'ordre du jour qu'elle va voter. (*Applaudissements.*)

M. *Millevoye*. — Je ne reconnais pas la netteté ordinaire de M. le président du conseil.

Je lui ai posé une question très simple : « Oui ou non, répudiez-vous la solidarité des théories gouvernementales apportées à cette tribune ? »

M. le président du conseil a répondu à des questions de politique générale que M. Déroulède avait ajoutées à ma question, mais il s'est abstenu de me répondre ; j'en prends acte devant la Chambre et le pays. (*Applaudisse-*

ments à droite et sur quelques bancs à l'extrémité gauche de la salle.)

M. de Baudry d'Asson. — Les ministres oseront-ils encore voter pour eux-mêmes ?

M. Millevoye. — Je demande la priorité pour mon ordre du jour.

M. le Président fait observer que cette priorité a été demandée pour un ordre du jour de M. Hubbard, rédigé comme suit : « La Chambre, approuvant les déclarations du gouvernement et confiante dans sa fermeté pour assurer l'œuvre de justice et de fermeté qui s'impose, passe à l'ordre du jour. »

Ce texte, auquel se rallie le gouvernement, est voté par 353 voix contre 91.

Ces débats ne profitèrent pas à M. Charles Floquet. Sa situation parlementaire en reçut une telle atteinte que, lors de la rentrée du Parlement, le 10 février 1893, il ne fut plus réélu Président de la Chambre des députés, poste qu'il avait occupé depuis 1885.

M. Jean Casimir-Périer fut élu à sa place.

Les débats de la Cour d'assises (ch. xxx de l'*Historique* qui précède) roulèrent également sur cette affaire des 300,000 francs. M. Ch. de Lesseps affirma nettement que M. Floquet les avait demandés personnellement. A quoi celui-ci répondit par une dénégation persistante, bien qu'on retrouva les chèques qui en accusaient le versement aux journaux qu'aurait désignés M. Floquet.

M. Floquet fut encore compris parmi les personnages politiques qui, lors du différend Herz-de Reinach (voir le même chap.), étaient intervenus auprès de la Compagnie pour le lui faire régler à ses dépens.

XII

CORNÉLIUS HERZ RAYÉ DE LA LÉGION D'HONNEUR

Voici le décret relatif à la radiation de la Légion d'honneur du sieur Cornélius Herz :

Le Président de la République française,
Vu la loi du 25 juillet 1873 sur la Légion d'honneur ;
Vu le décret disciplinaire du 14 avril 1874 ;
Considérant qu'à la date du 5 janvier 1893, le ministre de la justice a transmis au grand chancelier de la Légion d'honneur un rapport de M. Franqueville, juge d'instruction au tribunal de la Seine, portant :

« Au cours de l'instruction suivie contre MM. Charles de Lesseps, Fontane et autres, sous l'inculpation de corruption de fonctionnaires publics, le docteur Herz, grand-officier de la Légion d'honneur, a été signalé comme ayant reçu, par l'intermédiaire du baron de Reinach, des sommes considérables provenant de la Compagnie du canal interocéanique de Panama, sans qu'il apparaisse qu'il ait rendu à cette Compagnie aucun service appréciable en échange de ces libéralités. Ces sommes dépasseraient le chiffre de 2 millions.

« Le départ furtif de ce dignitaire de la Légion d'honneur pour l'étranger après le décès du baron de Reinach, accusait à lui seul le caractère suspect de leurs relations et des opérations qui avaient pu être traitées entre eux.

« La saisie récente du registre-copie de lettres de Reinach a fait découvrir, entre autres documents, une lettre du 28 novembre 1888 et une dépêche du 10 juillet de la même année, qui paraissent confirmer pleinement les soupçons qui s'étaient élevés contre le docteur Herz, dès la première heure, à ce sujet.

« Je m'empresse de vous signaler ces faits, conformément à l'article 3 du décret du 14 avril 1874, en vous transmettant une copie de la lettre et de la dépêche dont il s'agit. »

Considérant que, par une communication postérieure, en date du 19 janvier 1883, M. le procureur général près la cour d'appel de Paris a fait connaître au grand chancelier « qu'une instruction judiciaire est ouverte du chef de complicité d'escroquerie et d'abus de confiance contre le sieur Cornélius Herz, grand officier de la Légion d'honneur » ;

Considérant que si une instruction judiciaire est ouverte contre le sieur Cornélius Herz à raison de certains faits qui se rattachent au premier grief énoncé dans le rapport précité du juge d'instruction, ce même rapport a signalé, en outre, des faits de chantage qui résultent de la dépêche écrite de Francfort par le sieur Cornélius Herz au sieur de Reinach, à la date du 10 juillet 1888 ; que ces faits sont couverts par la prescription et ne peuvent faire l'objet de poursuites devant les tribunaux ;

Qu'il y a lieu, dès lors, de procéder à l'égard de ces faits dans les conditions prévues par la loi du 25 juillet 1873 et le décret du 14 avril 1874, relatifs au pouvoir disciplinaire du conseil ;

Considérant que la correspondance échangée entre le sieur Cornélius Herz et le sieur de Reinach en 1888 fournit la preuve de manœuvres et de pression violente exercée par le sieur Cornélius Herz en vue d'arracher le payement de sommes considérables, et qu'aucune justification n'a été produite à l'appui des prétendues créances du sieur Cornélius Herz ;

Qu'il y a dans ces manœuvres et cette pression un fait portant atteinte à l'honneur ;

Vu l'avis du conseil de l'ordre, émis à l'unanimité des onze membres votants, concluant à ce que le sieur Cornélius Herz soit exclu de la Légion d'honneur pour fait portant atteinte à l'honneur.

Sur la proposition du grand chancelier de la Légion d'honneur,

Décrète :

Art. 1er. — Le sieur Cornélius Herz, ci-dessus qualifié, est rayé, pour fait portant atteinte à l'honneur, des matricules de l'ordre national de la Légion d'honneur.

Art. 2. — Les ministres aux divers départements ministériels et le grand chancelier de la Légion d'honneur sont chargés, chacun en qui le concerne, de l'exécution du présent décret.

Fait à Paris, le 27 janvier 1893.

CARNOT.

Par le Président de la République :

Le garde des sceaux, ministre de la justice,
LÉON BOURGEOIS.

Vu pour l'exécution :
Le grand chancelier,
Général FÉVRIER.

XIII

L'ARRÊT DE LA COUR D'APPEL

Voici les principaux considérants de cet arrêt rendu par la Cour d'appel de Paris, le 9 février 1893, après un débat de treize audiences.

La Cour rejette tout d'abord comme irrecevable l'exception tirée de la prescription, puis, abordant les faits, elle commence par la prévention d'escroquerie :

... Considérant tout d'abord que si Ferdinand de Lesseps, Charles de Lesseps et les deux autres prévenus du délit d'escroquerie dont il s'agit, malgré les nombreuses et cruelles déceptions qu'ils avaient éprouvées depuis le commencement des travaux, pouvaient conserver encore en 1888 l'espoir sérieux d'achever sinon le canal à niveau, à peu près unanimement condamné par tous les hommes spéciaux et désintéressés qui avaient étudié sur les lieux son exécution, au moins le canal à écluses qui lui avait été substitué, il est impossible que les uns ou les autres aient pu croire sérieusement que l'exécution en serait complètement achevée en 1888, que les dépenses de toute nature restant à faire ne dépasseraient pas 600 millions, et que le transit immédiat pouvait en être évalué loyalement à 7 millions de tonnes ;

… Qu'il est à remarquer au surplus que dès le premier jour de l'entreprise, et aussitôt qu'il s'est agi de faire appel au public, soit pour constituer le capital social, soit pour faire les emprunts qui ont réuni dans leurs mains plus de 1,300 millions, Ferdinand de Lesseps, secondé par son fils Charles et Marius Fontane, rédacteur ordinaire de ses bulletins et circulaires, a constamment fait subir aux chiffres relatifs au coût et à la durée de l'entreprise, au rendement du canal, des diminutions ou exagérations qui altéraient profondément le sens et la portée des documents auxquels ils se référaient, pour entraîner la confiance et l'adhésion des souscripteurs ;

Que c'est ainsi qu'ils affirment tout d'abord au public, lors de l'émission des actions, comme résultant des évaluations du Congrès international de 1879, que 600 millions suffiront pour le percement du canal à niveau, négligeant à dessein de signaler que le Congrès avait évalué l'ensemble des dépenses totales à 1,200 millions ;

Qu'en ce qui concerne le transit, suivant les évaluations de M. Levasseur, membre de l'Institut, président de la commission du Congrès chargé de procéder à ces évaluations, il est dit que ce transit serait de 7 millions un quart de tonnes, alors que celui-ci ne l'avait porté qu'à 5 millions ;

Que c'est ainsi encore que Ferdinand de Lesseps annonce au public dans les mêmes circonstances et comme preuve que son évaluation des travaux à 600 millions est bien exacte, que les grands entrepreneurs Hersent et Couvreux se sont engagés à les exécuter en régie ou à forfait, au choix de la Société, pour 512 millions, alors que le traité passé avec ces grands entrepreneurs n'impliquait nullement cet engagement ;

... Attendu que Ferdinand de Lesseps espérait ainsi fixer la confiance de l'épargne modeste à laquelle il s'adressait de préférence, en n'oubliant jamais de rappeler le succès et les revenus du canal de Suez, en faisant naître dans les esprits l'espoir que les sacrifices d'argent ne seraient pas trop considérables et que, dans un avenir plus ou moins rapproché, les revenus de l'exploitation du Canal de Panama permettraient, dès l'ouverture de la circulation, de distribuer de beaux dividendes et en assureraient la pleine prospérité ;

Que c'est sous la même inspiration que l'ouverture du canal, d'abord fixée à 1888, a été reportée plus tard à 1889 et ensuite à 1890 ;

Qu'on ne saurait apprécier différemment les assurances par lui données au public dans son journal officiel, constamment reproduites par un grand nombre de journaux qui paraissaient exprimer une opinion personnelle, alors qu'ils ne faisaient qu'exprimer celle des directeurs de la Société, et cela dès 1888, que l'exécution du canal à niveau était assurée pour 1890, alors que depuis 1886 il savait pertinemment, notamment par le rapport-Rousseau, par l'opinion de MM. Jacquier et Boyer, ses propres ingénieurs, que ce système de canal était impraticable, sinon d'une manière absolue, du moins à raison du temps inappréciable de la durée des travaux et de l'insuffisance certaine des capitaux que la Société pourrait avoir à sa disposition, et qu'on devait, de toute nécessité, lui substituer, soit un canal à ascenseur, soit un canal à écluses ;

... Considérant encore que, pour donner plus de poids à ces réticences calculées et à ces allégations qu'il savait sur tous les points ci-dessus indiquées contraires à la vérité,

Ferdinand de Lesseps a constitué avec la participation de Charles de Lesseps, de Marius Fontane et de Cottu et en vue notamment de l'émission du 26 juin 1888, un syndicat placé par M. Charles de Lesseps, chargé spécialement de ce service, sous la direction et l'action du financier Jacques de Reinach ;

Que ce syndicat, contrairement à ce qui se pratique toujours en matière d'émissions loyales de titres, n'était qu'un moyen détourné pour se procurer des moyens plus ou moins avouables à l'effet de faire agir sur le public et appuyer les allégations des directeurs et de leurs auxiliaires;

Qu'en effet les syndicataires ne garantissaient l'émission d'aucune partie des titres à émettre : qu'ils s'étaient bornés à verser une somme de 2 fr. 50 par titre mis en émission, de manière à former une somme de 5 millions représentant leur part dans la participation aux frais d'émission, et devant recevoir une rémunération variant de 20 à 5 francs par titre souscrit;

... Qu'on peut d'autant moins concevoir de doute à cet égard que les frais d'émission à l'occasion de l'emprunt du 28 mai se sont élevés à plus de 31 millions, dans lesquels figurent 7 millions pour frais de publicité, 11 millions pour frais dudit syndicat, 2 millions 500,000 francs pour commissions payées non seulement aux établissements financiers qui avaient ouvert leurs guichets à la souscription, mais encore pour des allocations faites à des personnes étrangères à la finance ou restées inconnues;

... Considérant que pour apprécier la moralité de ce prétendu syndicat, il suffit de rappeler que le financier Jacques de Reinach a reçu de la Compagnie pour sa part syndicataire 3,390,375 fr., indépendamment d'une somme de 2,590,000 fr. que les livres de la Société indiquent comme lui ayant été payés à titre de publicité ;

... Considérant que, de son côté, le coulissier Hugo Oberndœrffer a touché pour sa part prétendue dans le même syndicat une somme de 1,850,859 fr. 40, indépendamment de celle de 2,048,841 fr. 50 à lui versée du 18 juillet 1888 au 8 octobre suivant pour frais de commission, de placement et pour frais de rémunération de concours à l'émission, ce qui ne peut s'entendre que pour agir dans le champ qui lui est préparé sur le cours des titres de la Société ;

Que tous ces faits constituent indubitablement l'emploi de manœuvres frauduleuses, qui ont eu pour but de faire croire à l'événement chimérique de l'achèvement du canal dans le délai annoncé, moyennant la somme indiquée comme suffisante et devant produire à partir de sa mise en liquidation des bénéfices ;

Qu'il y a donc lieu de retenir à la charge des prévenus le délit d'escroquerie.

En ce qui concerne l'émission qui suivit celle du 26 juin, il y a eu tentative d'escroquerie :

Considérant que, malgré l'échec de l'émission du 26 juin, qui n'avait produit que le placement de moins de 2 0,000 obligations, Ferdinand de Lesseps et ses co-prévenus, au lieu de profiter de l'enseignement significatif qui en résultait pour eux et de renoncer à faire un nouvel appel au crédit public, a voulu éviter la liquidation devenue nécessaire et résolu, dès la fin du mois de juin, de faire un nouvel effort pour obtenir le placement des obligations non souscrites ;

Qu'à cet effet, au lieu de reconnaître que la confiance publique s'était retirée d'eux, ils n'ont pas hésité à faire subir aux dernières ressources de la Compagnie la charge d'une nouvelle émission ;

Que dans l'assemblée générale des actionnaires tenue à la date du 1er août 1888, Ferdinand de Lesseps annonçait cette résolution, attribuant l'échec du 26 juin à la défection des grands financiers, aux perfides calomnies des adversaires de son entreprise ;

Qu'il a renouvelé dans cette assemblée ses assurances antérieures que le canal serait livré à l'exploitation dans le courant de 1890, qu'il serait certainement terminé avec les

600 millions de l'emprunt autorisé par le Parlement, et que le produit du transit immédiat atteindrait sans aucun doute 7 millions 250,000 tonnes par lui précédemment annoncées : « que les 500,000 porteurs de la Société, ajoutait-il, souscrivent seulement chacun deux obligations et le canal est fait ! »

Que non content de ces déclarations, les prévenus ont fait organiser, par Henri Cottu, l'Union des actionnaires et obligataires paraissant agir sous leur propre inspiration et qui n'était, en réalité, qu'un nouveau rouage ajouté aux anciennes combinaisons du Comité de Direction ; que plus de quatre cents comités se sont formés dans toute la France, toujours sous l'impulsion de Henri Cottu, et qui « formaient, au dire de Ferdinand de Lesseps, « une armée compacte, bien organisée d'un demi-million de souscripteurs ayant placé leur épargne dans une entreprise à laquelle est attaché l'honneur de la France et qui sont résolus à aller jusqu'au bout » ;

Après avoir caractérisé les tournées de conférences faites en septembre et octobre 1888 dans un grand nombre de villes par M. Ferdinand de Lesseps et son fils Charles, l'arrêt arrive à l'abus de confiance :

... Considérant qu'il résulte des livres de la Compagnie qu'à l'occasion de l'émission du 26 juin 1888, le directeur Ferdinand de Lesseps et trois autres prévenus ont incontestablement donné aux fonds mis à leur disposition par le conseil d'administration une destination contraire aux intentions présumées de ce conseil comme aussi aux intérêts et aux intentions certaines des actionnaires :

Considérant en effet qu'il est établi au débat que sur les 31 millions dépensés pour les frais de l'émission du 26 juin 1888, indépendamment des frais d'impression et autres s'élevant à 2,048,816 fr.,16 c. et de 7,297,356 francs dépensés pour frais prétendus de publicité, les frais de syndicats se sont élevés, ainsi qu'il a déjà été dit, à 11 millions et le montant des commissions à 10 millions ;

... Considérant que les sommes énormes payées à des syndicataires qui n'en avaient que l'apparence, ne sauraient être considérées comme ayant reçu la destination voulue soit par le conseil d'administration, soit par les actionnaires eux-mêmes, et qu'il en est de même pour une notable partie des 10,900,000 francs payés à divers à titre de commissions, en dehors des remises légitimement payées aux établissements financiers et banquiers qui avaient ouvert leurs guichets à la souscription ; que ces souscriptions ont été payées pour la rémunération de concours inavouables et souvent inavoués, dissimulés sous la forme la plus variée, distribuées parfois à l'aide de bons anonymes ou au porteur, soit directement à la caisse, soit par des intermédiaires comme Jacques de Reinach, auquel jamais aucun compte d'emploi n'a été réclamé, ainsi que l'a déclaré, au cours de son interrogatoire, Charles de Lesseps lui-même ;

Que, dans ces conditions, ces dépenses doivent être considérées comme n'ayant procuré aucun profit à la Société et comme n'avant servi, pour la plupart du moins, qu'à favoriser le dessein du directeur de la Compagnie et des autres prévenus ;

Qu'il doit en être ainsi spécialement de la somme de 3,890,701 fr. 90 payée a Hugo Oberndœrffer sous forme de participation à un prétendu syndicat qui vient d'être apprécié, et à titre de commission directe pour le placement d'obligations, par le concours à l'émission : et que ce coulissier a vainement essayé, contrairement aux énonciations des livres de la Compagnie, de faire considérer au cours des débats comme une rémunération de l'idée qu'il avait, dans le mois de janvier 1888, suggérée à Charles de Lesseps de l'émission des obligations à lots avec adjonction d'une société civile destinée à assurer le paiement des lots et le remboursement du capital par conséquent ;

... Considérant qu'il est établi aux débats, tant par les écritures de la Compagnie que par les propres déclarations de trois prévenus comparants, qu'ils ont tous participé au gaspillage des fonds de la société, Charles de Lesseps par l'intermédiaire de Jacques de Reinach, la formation des syndicats, la distribution des parts syndicataires et des commissions non justifiées, Marius Fontane et Cottu en signant dans des proportions différentes les états récapitulatifs des bons au porteur destinés à des personnes désireuses de rester inconnues ;

Qu'en agissant ainsi, ils ne faisaient que suivre les ordres ou les inspirations de Ferdinand de Lesseps et n'avaient d'autre but que de sauvegarder leur intérêt propre et aider leurs calculs personnels ;

Que c'est donc avec la conviction qu'ils ne pouvaient servir les intérêts de la Société qu'ils ont dissipé une notable partie de ses dernières ressources et qu'ils se sont tous ensemble de concert rendus coupables du délit d'abus de confiance qui leur est reproché ;

Quant au cas de M. Eiffel, la Cour, en relaxant le prévenu du délit d'escroquerie, maintient l'abus de confiance dans l'exécution du traité intervenu le 10 décembre 1887 entre la Compagnie et M. Eiffel, pour la construction des écluses, notamment en ce qui concernait la livraison du matériel spécial qui incombait à la Compagnie et pour lequel celle-ci, ne pouvant le livrer dans le délai stipulé, payait à M. Eiffel 12 millions pour faire lui-même la fourniture. De même pour l'encaissement de 6 autres millions fixés à forfait pour le transport du matériel spécial destiné aux quatre premières écluses sur les quatre dernières.

Or :

Considérant qu'il est reconnu par M. Eiffel qu'il n'a point acheté ni livré à la Compagnie ce matériel spécial, qu'il n'a fait qu'un achat en France s'élevant à la somme de 1,223,000 francs ; qu'il s'est servi jusqu'à la cessation des travaux du matériel à lui fourni par la Compagnie pour les terrassements et qu'il avait dû remettre lui-même à ses sous-traitants auxquels il l'avait emprunté ; qu'enfin il s'est procuré sur les lieux une partie du matériel nécessaire

14.

à l'exécution de ses travaux jusqu'au point où la liquidation a donné ordre de suspendre ;

Qu'Eiffel soutient pour sa défense que les deux sommes à lui versées par la Compagnie dans les premiers six mois de son entreprise ne lui ont pas été remises à titre de mandat et à charge d'acheter pour son compte le matériel spécial énuméré dans l'état numéro neuf annexé au traité ; que ces sommes lui ont été allouées comme sommes forfaitaires et comme prix des fournitures qu'il devait effectuer ;

Mais considérant qu'il résulte de l'ensemble du contrat intervenu du 10 décembre 1887 et de l'esprit qui s'en dégage que la Compagnie de Panama avait pris l'obligation de fournir à Eiffel le matériel spécial nécessaire à l'exécution des travaux d'art tel qu'il est décrit et évalué d'un commun accord à l'état annexé au traité ; que la Compagnie n'ayant pu fournir une partie de ce matériel pour l'objet indiqué, les 12 millions auxquels il avait été évalué à forfait ont été versés à Eiffel pour qu'il en fît l'achat et le livrât à la Compagnie, qu'un état descriptif et estimatif de ce matériel acheté par Eiffel devait être mis à la disposition de la Compagnie dès son arrivée dans l'isthme ;

Considérant que, dans ces conditions, on rencontre tous les éléments constitutifs d'un mandat ;

Et, arrivant à l'argument de M. Eiffel relatif au *quitus* à lui donné par le liquidateur feu M. Brunet, l'arrêt porte :

Considérant enfin qu'Eiffel ne saurait se retrancher dans la transaction du 11 juillet pour soutenir que, le liquidateur Brunet lui avait fait volontairement abandon de la somme non employée sur les 18 millions dont il s'agit, à titre d'indemnité et de compensations pour l'indemniser du manque à gagner résultant pour lui de la résiliation de son entreprise ;

Considérant, en effet, que la transaction dont il s'agit n'a point porté sur les 18 millions remis à Eiffel pour l'achat du matériel spécial ou son transport sur les quatre dernières écluses ;

Que le liquidateur avait bien eu la pensée de faire une réclamation de ce chef, mais qu'Eiffel lui affirmait qu'il avait accompli toutes ses obligations de ce chef, fourni tout le matériel des chantiers nécessaires pour le montage des écluses ; qu'il s'était mis en mesure de monter les huit écluses à la fois dans le délai fixé, ainsi que le liquidateur avait pu s'en assurer lui-même;

Que Brunet ne peut avoir pensé que les installations et le matériel qu'Eiffel avait sur les chantiers n'avaient pas été achetés par lui avec l'argent mis à sa disposition, et étaient au contraire le matériel de la Compagnie emprunté par Eiffel à ses propres sous-traitants ;

Que, dans ces conditions, il est conforme à la réalité des faits de dire et d'affirmer que le liquidateur, sous l'empire d'une erreur, a été amené à abandonner ses revendications de ce chef et à signer la transaction, mais qu'il n'aurait certainement pas accepté s'il avait su, comme la preuve et l'aveu en ont été faits devant la Cour, que ce matériel et ces installations étaient la propriété de la Compagnie dont il était le représentant ;

Que cette transaction, avec le sens et la portée qui viennent de lui être reconnus, ne saurait donc faire obstacle à l'exercice de l'action du ministère public et mettre en doute le bien fondé de la prévention ;

Qu'il y a lieu, dès lors, de faire à Eiffel l'application des articles 406 et 408 du Code pénal.

Suit la sentence que nous reproduisons plus haut, à la fin du chap. XXVI de l'*Historique*.

FIN

INDEX ALPHABÉTIQUE

DES NOMS CITÉS

A

Adam, 75.
Aïgoin, 47.
Aillieres (d') 28.
Allain-Targé, 84.
Allavene, 146.
Alt (Richard), 69
Andrieux, 46, 47, 48, 49, 79, 80, 88, 106, 111 à 113, 141.
Artigues, 15, 16.
Arene (Emm), 42, 46, 47, 70, 97, 107, 110 à 113, 214.
Arton, 27, 37. 48, 70, 75, 82 à 85, 88, 107, 113, 126, 133 à 136, 170.

B

Baïhaut, 18, 51, 52, 53, 59, 60, 70, 72, 73, 75, 76, 80, 81, 90, 113, 126, 127 128, 164.
Bapst, 214.
Baragnon, 214.
Baratoux, 16.
Barbaud, 15.
Barboux, 90, 138, 186.
Barbe, 37, 47, 79, 105. 106, 133, 178.
Bardoux, 138.
Barthou, 28.
Baudalot, 20.

Béral, 42, 47, 70, 75, 76, 86, 90, 113, 126, 129.
Bérard, 28.
Bérard des Glajeux, 113.
Beraud (Jean), 58.
Bernis (Comte de), 229.
Bertrand, 28, 217.
Bigot, 28, 121, 123.
Billier, 93.
Bionne, 147.
Bixio, 86.
Blaine, 201.
Blanc (Irénee), 214.
Blanchet, 86.
Blanleuil, 15.
Blavet (Emile), 214.
Blondin, 51, 52, 70, 75, 76, 80 à 82, 90, 113, 126, 127.
Blum, 214.
Bois-Glavy, 214.
Boissy d'Anglas. 101, 161.
Bonaparte-Wyse, 8, 74, 75, 89.
Bonnin, 81.
Borie, 86.
Bory, 28.
Bosc, 215.
Boulard (du), 49, 64.
Boulanger (général), 82, 139.
Boullay, 89.
Bourgeois (Léon), 35, 44, 55, 93, 97, 205, 234.

Boutan, 148.
Bovier-Lapierre, 28.
Boyer, 236.
Bremont, 41.
Brisson (Henri), 28, 34, 97.
Brouardel, 35.
Brunet, 20, 21, 62, 63. 185.
Buit (du), 66, 90, 186.
Buneau-Varilla, 65.
Burdeau, 55.
Bursteit, 47, 131, 208.

C

Cabannes, 118.
Caffarelli, 89.
Cahen d'Anvers, 47.
Calmette (M.), 214.
Canivet (Raoul), 83, 210.
Canonne, 14.
Carnot (Sadi), 52, 53, 139, 234.
Caron, 215.
Cartillier, 214.
Casimir-Périer (Jean), 56, 231.
Cassagnac (Paul de), 161.
Casse (Germain), 79, 106.
Cassigneul, 213.
Castelbon, 47, 51, 117 à 119, 208.
Castellane (de), 214.
Cavaignac (Godefroy), 71, 72, 96.
Chabeit, 207.
Chantagrel, 85, 126.
Chapon, 215.
Chavoix, 37.
Chevillard, 47, 106, 207.
Chirac (A.), 214
Chirac (Ed.), 214.
Circourt (comte de), 146.
Clausel de Coussergues, 28, 97.
Clémenceau, 38, 39, 43 a 45, 46,
Clément, 35.
Cloëtta, 47, 207.
Cochery, 137.
Commoy, 75.
Constans, 37, 38, 39, 89.
Cornely (J.), 214.
Cottu (Henri), 23, 37, 41, 49, 51, 56,
 61, 66, 67, 70, 80, 92, 105, 113, 127.
Cottu (Madame), 84, 90, 92 à 96.
Cousin, 146.
Couvreux, 15, 16, 17, 147,

Crespin, 213.
Crispi, 139.
Cutbill, 15.

D

Danet, 90.
Daubree, 64, 146.
Daudet (Ernest), 214.
Dauprat, 146.
Davoust, 180, 208.
Debriges, 214.
Delagarde, 147.
Delahaye (Jules), 27, 28, 29, 30, 40,
 50, 121, 151 à 157, 166.
Delcasse, 28, .
Dellerey, 214.
Delombre (pere), 214.
Delombre (fils), 214.
Deluns-Montaud, 28.
Demange, 90.
Denfert-Rochereau, 213.
Denormandie, 20.
Desprez (Marcel), 137.
Deroulede (Paul), 43, 44, 45, 46
 72, 189, 229.
Deschamps, 88.
Desprez, 115.
Detroyat, 214.
Devès, 42, 47, 51, 70, 111, 113, 117 à
 119.
Digeon (baron), 87.
Dingler, 64, 83. 84, 147.
Dirks, 148.
Dore, 214.
Druez, 64.
Drumont (Edouard), 129, 219.
Duchemin, 214.
Ducret, 28, 214.
Dugue de la Fauconnerie, 42, 47.
 70, 75, 76, 90, 113, 126, 130.
Dumay, 28.
Dupuy (Charle), 35, 55.
Dupuy (Siecle), 47, 109.
Dupuy-Dutemps, 22, 23, 28.
Dureau, 214.
Dussigneur, 81.

E

Edwards, 213.
Eiffel, 16, 17. 23, 57, 61 à 64, 66,
 67, 105, 185, 241.
Elouis, 107, 208.

F

Fabre, 207.
Falguière, 88.
Fallières, 138.
Fauçon, 215.
Faure (Félix), 85, 126.
Féret, 214.
Ferrier, 214.
Ferronnays (marquis de la), 34.
Ferroul, 89.
Ferry (Emile), 83.
Ferry (Jules), 138.
Fevrier (général), 234.
Floquet (Charles), 28, 47, 48, 49, 56, 71, 75, 77, 79, 80, 82, 83, 88, 90, 141, 151, 178, 218 et suiv.
Flory, 9, 13, 63, 82.
Follin 215.
Fontane (Ed.), 214.
Fontane (Marius), 23, 41, 51, 56, 59, 60, 66, 67, 70, 72, 75 à 77, 80, 90, 105, 113, 126, 127, 146.
Fontaine, 215.
Fouquier (Henry), 214.
Fournière (Eugène), 89.
Franqueville, 41, 49, 51, 52, 69, 107, 112, 113, 117, 143.
Frederickx, 215.
Fresseix, 64.
Freycinet (de), 55, 56, 77 à 79, 90, 138, 141, 216.

G

Gabriel (député), 111.
Gabriel (publiciste), 214.
Gamard, 28.
Gambetta, 131.
Gauthier de Clagny, 28.
German (Credit Lyonnais), 30, 164.
Germain (ingenieur), 64.
Gerville-Réache, 28.
Gilly (Numa), 164.
Girardin (Emile de), 146.
Giroud de Villette, 65.
Givia, 148.
Gobron, 47, 70, 75, 76, 07, 90, 113, 126, 132.
Goirand, 87.
Goliard, 93.

Gomot, 37.
Goutant-Biron (comte de), 146.
Goussot, 71, 165.
Granet, 139
Gregory, 214.
Grévy (Albert), 42, 47, 70 113 à 115.
Grévy (Jules), 76, 114, 137.
Grisier, 214.
Gromer, 69.
Gros, 215.
Gro -Claude, 214.
Grousset, 28.
Guérin, 214.
Gugenheim, 214.
Guichard, 66
Guieysse, 28.
Guillemet, 28.
Guillemin, 64.
Guillot, 45, 137.
Guyon, 214.
Guyot (Yves), 88, 89.

H

Harjès, 146.
Harel, 147.
Havas, 136 214.
Hebrard, 136.
Hellmann, 146.
Hely d'Oissel, 31, 165.
Hement, 214.
Henry, 214.
Hepp (Alex.), 214.
Herbette, 147.
Hersent, 15, 16, 17.
Herz (Cornélius), 38, 39, 41, 43 a 46, 48, 59, 75 à 79, 88, 97, 98, 136 à 143, 189, 207, 217.
Heymann, 214.
Horteur, 85, 126.
Houx (Henry des), 214.
Hubbard, 56.
Hue, 20.
Huerne, 15.
Hutin, 64, 84.
Hyeronimus, 64.

I

Imbert, 29.

J

Jacob, 15, 16.

Jacquemin, 64.
Jacquier, 236.
Javal, 55.
Jeannin, 130.
Jezierski, 210.
Jolibois, 28. 54.
Jollivet (Gaston), 214.
Jurien de la Gravière (amiral), 148

K

Kohn, 25, 42, 47, 170.

L

La Batut (de), 28.
Labordère, 188.
Labrousse, 86.
Labruyère, 214.
La Bussière, 28.
Laffon, 75, 113.
Lagassé, 49, 90.
Lalanne, 148.
Lallier, 90.
Lamarzelle (de), 31, 183, 227.
Landrodie, 64.
Lanjuinais (comte de), 227.
Laroche, 148.
Las Cases (de), 89.
Laurent (Charles), 213.
La Vigerie (de), 81.
Lavy, 226.
Lefebure de Fourcy, 148.
Le Franc, 214.
Le Guay, 37, 79, 106, 126, 133.
Le Provost de Launay, 30, 31, 159, 183, 227.
Leriche, 86.
Leroy, 87.
Lesseps (Charles de), 22, 23, 31, 36, 37, 41, 51, 56 à 61, 65 à 68, 70, 72, 75 à 80, 82 à 86, 90, 93, 105, 106, 113, 117, 126, 127, 128, 140, 146, 183.
Lesseps (Comtesse de), 24, 149.
Lesseps (Ferdinand de), 7, 8, 13, 18 à 20, 22 à 24, 54, 57, 60, 63, 64, 67, 79, 81, 105, 146, 149.
Lesseps (Jules de).
Lesseps (Victor de), 146.
Levasseur (de l'Institut), 75, 82, 235.

Lévy (A.), 214.
Lévy-Cremieux, 13, 14, 59, 63, 84.
Leydet, 28.
Lichtenstein,
Limpérani, 75.
Lisbonne, 188.
Loizillon, 55.
Lockroy (Edouard), 139.
Loreau, 28.
Loubet, 34, 35, 55, 89, 93.
Loustaunau, 89.
Lungo (de), 15.

M

Mackau (baron de), 87.
Magnard (Francis), 210.
Magnier (Edm.), 210.
Mahy (de), 56.
Maret (Henry), 49, 85, 126, 219.
Martin (Etienne), 65.
Martin (Ferdinand), 36, 54.
Martini (avocat), 66, 186.
Martini (Léon), 81.
Mathe, 28.
May, 87, 131.
Mayer (Jacques), 181.
Mege, 89, 206.
Menabréa (de), 217.
Mercier (Louis), 88.
Mercier (Paul), 88.
Mermeix, 214.
Meyer (Arthur), 87, 210, 213.
Michel, 214.
Millaud (Ed.), 213.
Millevoye, 44, 201, 228.
Mohrenheim (baron de), 68.
Monchicourt, 21, 42, 43, 63, 73, 74, 89, 115.
Mondésir (comte de), 146.
Mores (marquis de), 220.
Motet-Bey, 146.
Mourette, 146.
Mun (comte Albert de), 96.

N

Naquet (Alf.), 37, 106.
Nicolle, 93, 94.
Noilhac-Pioch, 65.
Nouette-Delorme (Félix), 146.

INDEX ALPHABÉTIQUE 249

O

Oberndœrffer, 14, 58, 65, 237, 240.
Odelin, 64.
Odinger, 47.
Oppermann, 148.
Orsatti, 47, 110, 208.

P

Papuchon, 83, 213.
Pascal, 148.
Pasteur (Edouard), 86.
Patinot, 210.
Patoux, 215.
Paulin-Méry, 165.
Paulliat, 65.
Peghoux, 146.
Pelletan (Camille), 28.
Perivier (*Figaro*), 210.
Périvier (president), 32, 57, 62.
Pessard (Hector), 213.
Pesson, 47, 126.
Peytral, 222.
Phelipau, 81.
Philippe, 215.
Piat, 146.
Pichon, 45.
Pilet-Desjardins, 75.
Pinson, 66.
Pliquet, 214.
Pognon, 214.
Pont-Jest (René de), 214.
Pontois, 22, 23.
Pope, 214.
Portalis, 213.
Pourquery de Boisserin, 40.
Praslon, 47, 132, 208.
Prévost (Ernest), 146.
Prinet, 21, 32.
Propper, 25, 41, 42, 177.
Proust (Antonin), 42, 47, 70, 75, 76, 87, 88, 90, 113, 126, 131.

Q

Quesnay de Beaurepaire, 21, 22, 32, 33, 36.

R

Rambaud, 214.
Ramel (de), 28.
Ranc (A.), 78, 79, 141.
Rau, 57, 66.
Raymot, 214.
Regimbart, 66.
Reinach (Jacques de), 25 à 27, 29, 33 à 35, 37 à 39, 42, 43, 47 à 50, 59, 61, 63, 65, 75 à 80, 86 à 88, 105, 106, 109, 110, 114 à 118, 120, 124, 125, 131, 134, 140, 167, 214.
Renault, 42, 47, 70, 113, 116, 117, 146.
Renouard, 81.
Retaud, 64.
Rey, 86.
Reynier, 64.
Ribot, 35, 36, 55, 56, 72, 96, 97, 228.
Ricard, 22, 26, 29, 34, 35.
Richard (Pierre), 72, 125.
Richard (Drôme), 37, 54.
Rieunier (amiral), 55.
Robert, 214.
Roche (Jules), 35, 42, 47, 70, 97, 107, 109 à 111.
Rochefort (Henri), 45, 197.
Rodays (Fernand de), 210.
Rondeleux, 85, 126.
Rodrigues, 213.
Rossignol, 63, 211.
Rothschild, 207.
Rousseau, 18, 52, 63, 90.
Roussel, 90.
Rousset (Raoul), 90.
Rouvier, 38, 39, 42, 47, 68, 70 à 72, 111, 113, 120 à 125, 225.
Roux, 83.
Ruelle, 148.

S

Sacerdot, 214.
Saint-Albin, 214.
Saint-Martin (Vaucluse), 37, 85, 126.
Saleta, 65.
Salis, 85, 89, 126.
Samson, 65.
Sans-Leroy, 41, 70, 72, 73, 75, 76, 84, 85, 88, 90, 113, 126, 181.
Sarcey (Francisque), 214.

Sarlat, 126.
Saroni (D^{elle}), 136.
Sarrien, 28, 139
Schayé, 90.
Schmitt, 47, 109, 208.
Schrameck, 214.
Seligmann (William), 146.
Siegfried, 35, 55.
Simeon, 208.
Simond (Henri), 83, 213.
Simond (Victor), 83, 210, 213.
Simond (Valentin), 210.
Slaven, 15, 16.
Somoury, 92, 91.
Sonderegger, 15.
Soubeyran (baron de), 87.
Souligou, 85.
Spuller, 88.
Stéphane (Paul), 47. 77, 124.
Susini (Mme de), 85.
Székely, 68.

T

Tanon, 36, 75.
Tariot, 81.
Taudiere, 28.
Tcherbanne, 50.
Terrier, 28.
Tézenas (Maurice), 90.
Thévenet, 42, 47, 70, 107 à 109, 111.
Thiébaud (Georges), 84.
Thierrée, 33, 41, 42, 46, 77, 79, 87, 106, 206.

Tirard, 39, 55, 107.
Tourneux, 47.
Trouillet, 214.
Tubic, 47.
Tupin, 81.
Turquet, 139.
Türr (général), 146.

V

Van Hattum, 15.
Van Linden, 214.
Vallé, 28.
Veil-Picard, 213.
Veron (Pierre), 213.
Verragaude, 41.
Vian, 106.
Viette, 55.
Vignaud, 15, 16.
Villebois-Mareuil (de), 28, 33, 55.
Vitu (Auguste), 213.
Vlasto, 47, 72, 120, 121, 124, 125.
Voisin-Bey, 148.

W

Waldeck-Rousseau, 66, 186.
Wampse, 214.
Watson, 15.
Wedel, 69.
Welter, 98.
Wilson (Daniel), 213, 215.
Wœstyne (Ivan de), 213.
Worms, 87.

Z

Zerkowski, 87.

TABLE ALPHABÉTIQUE

Introduction 5

L'HISTORIQUE

I.	L'origine	7
II.	Où est allé l'argent.	9
III.	Autour des émissions	13
IV.	Les entrepreneurs	15
V.	La Compagnie aux abois.	17
VI.	En liquidation.	20
VII.	Première instruction judiciaire	21
VIII.	Poursuites contre les Administrateurs. . . .	23
IX.	Jacques de Reinach. — Sa mort	25
X.	L'interpellation Delahaye.	27
XI.	Le Crédit Lyonnais et la Société Générale. .	30
XII.	La question du dossier judiciaire.	31
XIII.	La question de l'autopsie.	34
XIV.	Le cabinet-Ribot.	35
XV.	« Micros ».	36
XVI.	Démission de M. Rouvier	38
XVII.	La question des pouvoirs spéciaux	40
XVIII.	Arrestations et poursuites	40
XIX.	Cornélius Herz et M. Clémenceau	43
XX.	Les révélations de M. Andrieux	46
XXI.	Les 17,000 bons de publicité	49
XXII.	La *Gazette de Moscou*	50
XXIII.	Le cas de M. Baïhaut	51
XXIV.	La campagne de pétitionnement	53
XXV.	Une révolution de palais	55
XXVI.	Le procès devant la Cour d'appel.	56
XXVII.	Expulsion de correspondants étrangers . . .	68
XXVIII.	Les non-lieu	69
XXIX.	Les obligataires et la liquidation	73
XXX.	Le procès devant la Cour d'assises	75
XXXI.	La révélation de Madame Cottu.	92
XXXII.	La commission d'enquête.	96
XXXIII.	Conclusion.	98

LES IMPLIQUÉS

MM. Ferdinand de Lesseps 105
     Charles de Lesseps. 105
     Marius Fontane 105
     Henri Cottu. 105
     Gustave Eiffel. 105
     Jacques de Reinach 105
     Barbe. 105
     Marius Thévenet 107
     Jules Roche. 109
     Emmanuel Arène 110
     Albert Grévy 114
     Léon Renault 116
     Paul Devès 117
     Maurice Rouvier. 120
     Sans-Leroy. 126
     Léopold Blondin. 127
     Charles Baïhaut. 128
     Eloi-Bernard Béral 129
     Dugué de la Fauconnerie 130
     Antonin Proust. 131
     Gobron. 132
     Arton. 133
     Cornélius Herz 136

APPENDICE

   I. Tableau du personnel de la Compagnie. 145
  II. Lettre de madame la comtesse de Lesseps 149
 III. L'interpellation Delahaye 151
 IV. Le mémoire de M. Delahaye 166
  V. Déclarations de M. Charles de Lesseps à MM. Le
     Provost de Launay et de Lamarzelle. 183
 VI. Protestation des avocats.. 186
VII. L'interpellation Déroulède.. 189
VIII. Les chèques Thierrée 206
 IX. Le Panama et la Presse. 210
  X. M. de Freycinet. 216
 XI. M. Charles Floquet. 218
 XII. Cornélius Herz rayé de la Légion d'honneur . . . 232
XIII. L'arrêt de la Cour d'appel. 234
Index alphabétique. 245

EMILE COLIN — IMPRIMERIE DE LAGNY

www.ingramcontent.com/pod-product-compliance
Lightning Source LLC
Chambersburg PA
CBHW070637170426
43200CB00010B/2049